진리

지은이 감사의 글

facultas.wuv출판사에 감사 드린다. 특히 우정 어린 마음으로 정성껏 도와준 자비네 크루제에게 고마움을 표한다. 그리고 이 책의 여러 부분에서 전문적인 내용을 자문해준 제바스티안 발딩어, 알프레트 둔스히른 그리고 게오르크 쉬머에게도 감사 드린다. 인내심을 가지고 지켜보면서 작업에 도움을 준 아내 크리스티나에게도 고마움을 전한다.

진리
유럽 정신사의 기본 개념 10

지은이 리하르트 하인리히 | 옮긴이 정현경 | 처음 찍은 날 2015년 9월 11일 | 처음 펴낸 날 2015년 9월 18일 | 펴낸곳 이론과실천 | 펴낸이 김인미 | 등록 제10-1291호 | 주소 (121-842) 서울시 마포구 잔다리로 71 (서교동, 아내뜨빌딩) 503호 | 전화 02-714-9800 | 팩스 02-702-6655

Wahrheit (Grundbegriffe der europäischen Geistesgeschichte, 10 vol)
by Richard Heinrich, edited by Konrad Paul Liessmann

ISBN 978-89-313-6064-6 04160
      978-89-313-6054-7 (전10권)

*값 9,800원
*잘못된 책은 바꿔 드립니다.

유럽 정신사의 기본 개념

10

진리
—
Wahrheit

콘라트 파울 리스만 편저
리하르트 하인리히 지음 | 정현경 옮김

이론과 실천

일러두기

1. 각각의 인용문 뒤에는 원저에 관한 정보가 있다. 예) (플라톤 1991a, 202) 맨 뒤 참고 문헌에서 괄호 안의 저자와 해당 연도를 찾으면 자세한 책 정보를 확인할 수 있다.
2. 단어에 대한 이해를 돕고자 설명이 필요한 곳에 * 표기를 하고 옮긴이 주를 두었다.

차례

왜 진리인가?

테마와 접근방법 9

진리의 프로필

제1장 진실의 폭발: 에밀 졸라와 드레퓌스 사건 19

제2장 기만과 거짓에 반대하는 진실: 소피스트, 플라톤, 아리스토
        텔레스 41

제3장 신학과 과학의 진리 경쟁: 코페르니쿠스적 전환 69

제4장 진리의 이론: 프레게, 타르스키 91

제5장 진리, 해석, 문학: 니체, 하이데거 117

부록

참고 문헌 136

인명 색인 142

왜 진리인가?

—

테마와 접근방법

●

테마와 접근방법

이 책은 무엇보다도 철학적 관점에서 진리를 다룰 것이다. 아니, 그보다는 여러 다양한 철학적 관점에서 진리를 다룬 책이라고 말하는 게 더 낫겠다. 그 까닭은 특정한 견해나 진리론을 유일하게 옳다고 제안할 목적으로 이 책을 쓴 것이 아니기 때문이다. 이 책은 서로 다른 이론들을 하나의 기준에 따라 비교하고 평가하지 않는다. 그 대신 역사의 실마리를 따라가며 사유가 진리 개념을 중심으로 묶여 있는 그런 중요한 상황들을 설명한다. 많은 경우 이로부터 진리 그 자체에 관한 새로운 해석이 나온다. 그렇지 않을 경우 오히려 진리는 자기 자신은 문제 삼지 않은 채 다른 목표를 향해 성큼성큼 걸어 나가는 사유체계를 지지하는 개념이 될 것이다.

그렇지만 이런 개방성을 표방하더라도 이 책은 철학의 가장 중요한 과제가 현대 학문이 요구하는 진리론을 발전시키는 것이 아니라는 메시지를 전달하려는 것은 결코 아니다. 진부하고 모순적인 접근법을 걸러내고 확실한 논거들을 체계화하며 혁신적인 테제들을 경쟁시키는 것은 여타 학문과 마찬가지로 철학에서도 연구의 기본 절차이다. 아리스토텔레스에 의해 이런 연구방식은 표준절차로 구속력 있게 되었고 논리학, 물리학, 생물학, 존재론 같은 거대 이론에 본보기로 활용되었다. 하지만 물론 철학에서는 이미 진부해지거나 논박된 개념들이라 할지라도 오래도록 영향력을 미칠 수 있는 것 같다. 그 이유는 아마 철학 이론들이 자기와 비슷한 요구를 하는 경쟁 이론들과 맺고 있는 관계를 통해 규정되기도 하거니와, 다분히 철학 외적인(이를테면 경제나 종교적) 가정과 전제조건, 목표와의 상호작용을 통해서 규정되기도 하기 때문일 것이다. 그래서 여러 사고방식과 논거들이 연속적 비판과정에서 이미 한번 진부하다거나 논박된 것으로 간주되어도 철학사에 계속 영향을 미치는 것이다. 진리에 관한 이론 그 자체 내에도 구체적 사례가 있다. 왜냐하면 진리 문제에 관해 질문을 제기한 것들이라면 사실상 전부 학문적 논의에 들어가기 위한 전제조건이 되기 때문이다. 도대체 어떤 경우에서 우리는 진리에 대해 구속력 있는 이야기를 할 수 있는가라고 묻는다면, 명제들이 진리냐 거짓이냐를 따지는 경우라고 대답할 수밖에 없다. 하지만 이 대답은 객관적으로 보면 충분히 납득이 갈 만한 또 다른 대답을 배제한다. 이를테면 진리는 불순물에 오염되지 않은 순수함(어떤 사건, 개인 또는 세계의 참된 본질)이라는 대답 같은 것 말이다. 마르틴 하이데거가 아리스토텔레스에 대한 분석을 통해 보여준 것처럼 이와 같은 접근법을 철학적으로 심화시키면 현시대에 충분히 의미 있는 흥미로운 문제제기나 입장들을 한 번 더 자극하고 표명할 수 있게 해줄 것인데도 말이다. 본래 철학사의 작업은 진리에 대한 이런 입장 변경과 이에 대해 동조하는 흐름을 지각함으로써 흥미로운 질문들을 많이 제기한다. 이 책은 비록 이런 역사적 연구 규율을 따를 의무는 없지만 어쨌든 이에 대한 시선을 계속 열어두고자 한다.

지금까지 이어온 생각들을 고려하면 진리가 단순히 철학사에 국한된 문제인 것만은 아니라고 말해도 될 것이다. 최소한 진리는 결코 철학적 문제만은 아니라고 주장하는 것도 마찬가지로 중요하다. 철학적 구속력을 분명히 배제한 채 전혀 다른 분야에서 진리에 중요한 의미를 부여해보자. 그런 영역으로는 법학, 과학, 역사, 정치학, 신학이 있다. 유럽 철학을 이해하는 데 있어 분명히 중요한 것은 플라톤이 철학은 진리를 요구한다고 정의했다는 것이다. 하지만 이 정의가 진리에는 정치 혹은 법과 관련된 내용들이 들어가지 않는다는 것을 의미하지는 않는다. 이런 외적 영향은 항상 있어왔고 르네상스 시대가 세계상을 새로 규정할 때처럼 특정한 역사적 상황에서 특히 눈에 띄게 된다. 그러니까 철학적 사유는 우리의 진리 이해에 영향을 미치는 또 다른 중개자들을 항상 옆에 두고 있을 뿐만 아니라 본질적으로 이 중개자들에 의해 자극받는다. 이런 상황은 철학이 *진리*라는 개념영역을 해명할 때 이용하는 언어에서 뚜렷이 나타난다. 다시 말해 인접 영역의 내용과 관계된 표현들에서 대부분 모습을 드러낸다. 윤리학이나 정치학에서 말하는 진실성과 정직성, 신뢰, 논리학에서 말하는 타당성, 수사학과 경제학, 정치학에서 말하는 개연성과 신빙성, 그리고 마지막으로 과학에서 말하는 증명가능성 등이 여기에 들어간다. 그러므로 철학적 진리론, 혹은 진리에 관한 철학적 이론을 발전시키는 것이 유일하고 다른 어떤 것보다 선행하는 목표는 아닐 것이다. 경계를 명확히 나누는 것도, 보편적 논증을 요구하는 것도 (이 책에서 제기하는) 문제제기에 적합하지 않다. 앎이라는 개념에서 이런 간섭의 중요성은 미리 다음과 같이 요약할 수 있다. 앎이라는 개념은 다른 어떤 것보다 오랫동안 철학이 분석하고자 노력했던 목표였지만 그 윤곽은 늘 외적인 영향에 적응해 온 것 같다.

  아마 철학은 오늘날에도 플라톤 때와 똑같이 앎이 무엇인지 해명하는 것으로 자기 존재를 설명할 수 있을 것이다. 다시 말해 지적 활동과 지성의 요구라는 전체 맥락에서 자기 위치를 정립할 수 있을 것이다. 만약 그렇다면 여기서 앎Wissen과 진리의 관계는 매우 중요할 것이다. (하지만) 그것이 진리가 아니라는 것은 어떻게 판명될까? 이것은 필경 알 수 없는 것이기에 그저 추측되거나 믿어질, 참으로 간주될 따름이다. 물론 어떤 주장의 진리는 여러 앎의 구성요소들 가운데 하나에 불과하다. 앎의 상황이 존재하기 위해서는 이 구성요소들을 하나로 모아야 한다. 그래서 이렇게 믿거나 주장하는 심급—주체—을 말할 수 있어야 한다. 그리고 이 주체의 믿음과 불분명한 상황의 진리성 사이에 어떤 탁월한 관계가 존재해야 한다. 우리는 이 관계를 근거대기(논증)라고 부른다. 부정적으로 말하면 이 두 가지는 그저 우연히 서로 맞아떨어져서는 안 된다. 이 몇 마디 되지 않는 말로 이미 우리는 진리에 대한 모든 분석에서 광범위한 체계적 결과를 내놓게 할 개념(근거, 주관성)들의 연관성을 설명하게 된다. 가령 진리의 개념을 어떤 주장이 독자적인 한 사태와 일치된 상태로 규정하는지 여부는, 그 주장에 대한 (객관적인) 진리와 진리로 간주된 것 사이의 논증관계를 설명하는 데 영향을 미칠 것이다. 말하자면 그 주장을 입증하는 사태와 주체 사이의 특별한 관계를 가정하는 것이 꼭 필요한가? 거꾸로 말해 다른 (인식론적) 근거들에서 그런 특수한 관계가 배제된다면 진리에 관한 해석이 바뀔 수밖에 없는가? 이와 유사한 사유들에서 진리에 관한 전형적인 견해들이 도출된다. 다른 질문들과 네트워크를 형성하긴 하지만 일종의 철학적 사고 영역 안에 머물러 있는 견해들 말이다. 물론 철학적 사유의 경계는 그 안으로 아무것도 들어오지 못하는 것이 아니다. 바로 오늘날 철학 영역 밖의 학문분야에서 앎이라는 개념을 엄밀하게 규정하려는 시도가 있는데, 이것은 의도와는 달리 앎과 진리의 관계를 헐겁게 하여 앎을 정보 개념과 연관 짓게 만드는 경향을 강화한다. 경제학적 관점에서 지식을 생산하고 저장하며 가치 평가하는 것은 지식을 찾는 주체들의 주장이나 인식상태를 의미하는 것이 아니라 이런 것들과는 무관한 견해나 가정의 내용을 말한다. 또한 다른 측면에서는 진리 대신 오히려 다양한 목적이나 전략을 위해 그 내용이 (얼마나) 유용한지 여부가 훨씬 중시된다. 이렇게 되면 앎은 참된 가정이나 옳다고 입증된 가정이 아니라 도구화될 수 있는 인식 내용이 된다. 이런 경향에서는 진리 파악이라는 직접적 결과가 나오지도 않으며 이론을 만드는 철학이 그런 경향에 무릎을 꿇어서도 안 된다. 그러나 이런 경향은 이런 생각을 중시하는 관계들이 변화하거나 장기적 관점에서 현저하게 축소될 경우 철학이 진리를 만들어가는 데 간접적으로 영향을 미칠 것이다.

하지만 이런 복잡한 관계들에 대해 철학적으로 성찰한다고 해서 지금까지 이룰 수 없었던 질서나 투명성을 만들어냈다고 단정적으로 말할 수는 없다.(버나드 윌리엄스가 『참과 참됨』(2003)이라는 책에서 이런 방향으로 이상적인 시도를 감행했지만 말이다.) 예컨대 비판이라는 개념은 철학 개념으로, 18세기에서 20세기 초까지의 이력을 보면 이 개념은 계속해서 철학사적 연구를 할 만한 가치가 있다. 하지만 (제1장에서 분명히 밝히려는 것처럼) 비판 개념은 개개의 역사적 사건에서도 매우 다양하게 규정될 수 있다.

이제까지의 성찰을 모두 종합해볼 때, 분명 하나의 생각이 잘못되어 있음을 알 수 있다. 그것은 바로 철학은 진리를 정의할 수 있고, 학문은 진리를 연구하며, 이럴 경우 철학은 그 핵심적 내용에는 아무런 변화 없이 사회적 역사적 삶의 다양한 차원에서 상이한 역할(정당성, 비판, 방법론적 실마리 등)을 할 것이라는 생각이다. 이와는 달리 진리에 관한 철학은 표면상 하위 심급과의 상호작용 안에서만 생각할 수 있다.

이 책 1장에서는 현대사에서 일어난 구체적인 사건을 통해 정치 영역에서 도덕적, 과학적, 법학적, 역사적 진리 요구들이 서로 맞붙는 것이 어떻게 철학적 성찰을 하도록 자극할 수 있는지를 보여줄 것이다. 그 다음 네 개 장에서는 이런 상호작용에 대해서 무엇보다 철학 내부의 관점에서 설명할 것이다. 2장에서는 몇몇 유럽 철학사에서 공식적으로 다루었던 것처럼, 지금까지의 숙고에서 단지 주변부에 머물렀던 시나리오인 진리와 기만의 관계가 논의될 것이다. 배우는 소피스트들과 플라톤인데, 플라톤은 소피스트들과 논쟁을 벌이면서 인식 그 자체와 연관된 한 가지 생각에 매달리면서 이것을 철학에 관한 정의로 만들었다. 3장에서는 근세 초기 진리 개념을 둘러싸고 코페르니쿠스가 쓴 책에서 촉발되어 신학과 과학, 철학 사이에 벌어진 논쟁을 주로 다룬다. 4장은 19세기 후반 진리 개념에 대한 논리학적 관심이 새롭게 부상한 것에 대해 다루고, 진리 개념에 대한 알프레드 타르스키의 정의가 20세기에 진리를 두고 벌인 이론적 논쟁에서 갖는 중요성을 요약한다. 마지막 5장에서는 앎과 진리를 근원적으로 연결한 플라톤 식 철학에 대한 프리드리히 니체의 반박을 도덕의 계보학적 관점에서 다룬다.

진리의 프로필

—

제1장

진실의 폭발: 에밀 졸라와 드레퓌스 사건

제2장

기만과 거짓에 반대하는 진실: 소피스트, 플라톤, 아리스토텔레스

제3장

신학과 과학의 진리 경쟁: 코페르니쿠스적 전환

제4장

진리의 이론: 프레게, 타르스키

제5장

진리, 해석, 문학: 니체, 하이데거

제1장

진실의 폭발: 에밀 졸라와 드레퓌스 사건

이 장은 구체적인 사례를 통해, 관심과 제도가 서로 달라 진리 개념에 대해 바라는 것이 서로 다를 때 이런 기대들이 어떻게 연결되며 또 어떻게 갈등에 빠지고 서로 보완될 수 있는지를 보여준다. 이 사례는 19세기에서 20세기로 전환되는 시기 프랑스에서 일어난 드레퓌스 사건이다. 여기서 진실Wahrheit은 적어도 세 가지 차원에서 투쟁적 사건이 되었다. 첫째로는 사실들을 통해 고발된 내용이 진실임을 증명하는 것이 중요하다는 점이다. 두 번째는 이 사건의 원동력이 원래 신빙성과 정당성, 진리의 관계에서 형성된 긴장에서 나온다는 점이다. 그리고 셋째로는 특히 에밀 졸라의 유명한 글 『나는 고발한다』가 진실의 문제를 사회적 가치 그 자체로 거세게 제기한 점이다. 이 장의 말미에서는 법과 정치에서 진실의 의미에 관해 좀 더 일반적인 성찰을 해볼 것이다.

드레퓌스 사건

1898년 1월 『나는 고발한다』가 발표되면서 비로소 드레퓌스 사건의 중요한 사실들이 점차 세상에 알려지기 시작했다. 이때 이미 이 사건에는 정치적, 이데올로기적, 감정적 갈등이 오랫동안 충분히 쌓여 충전된 상태였다. 발단은 3년도 더 거슬러 올라간다.

프랑스 주재 독일대사관에서 프랑스 정보요원으로 활동한 청소부가 1894년 9월 무관인 슈바르츠코펜의 휴지통에서 날짜도 서명도 적히지 않은 한 장의 편지를 발견했다. 슈바르츠코펜이 수신인이었는데 그 편지에는 프랑스 군이 추진하고 있는 군비증강 계획에 관한 정보가 담겨 있었다. 이 목록Bordereau은 그달 말 국방부장관에게 제출되었고 10월 15일 알프레드 드레퓌스 대위가 반역 혐의로 체포되었다. 이 목록은 결정적인 증거자료로 간주되었기 때문에 드레퓌스는 체포되어 있는 동안 수차례 필적 감정을 받아야 했다. 하지만 조사가 종결되기도 전에 이 사건은 세상에 공개되었으며 10월 31에 이미 한 신문은 용의자의 이름을 보도했다. 군사재판이 준비되면서 동시에 이 유대인 대역 죄인을 엄벌에 처하라는 언론보도가 이어졌는데, 여기에는 국방부장관과 참모부 소속 군인들이 엄청난 선입견을 가지고 조직적으로 관여했다. 12월 22일 드레퓌스는 비밀 재판을 통해 유죄판결 받았으며, 종신형을 선고받았다.

12월 23일 모리스 팔레오로그는 비망록에 이렇게 썼다. "오늘 아침 파리의 전 언론사는 극우부터 극좌까지, 로마 가톨릭교회나 군국주의 성향의 언론부터 사회주의자들의 진보적 언론까지 가릴 것 없이, 이 군사재판의 판결에 대해 한목소리로 논평했다. 그것은 동의와 안심, 안도의 한숨──승리감에 도취되고 복수심에 불타 거칠게 터져 나온 기쁨의 목소리였다."(팔레오로그 1957. 24) 그 당시 팔레오로그는 외무부의 국가 비밀정보기관에서 일하는 외교관이었으며, 군 정보기관과 참모부가 드레퓌스에게 불리하게 증거를 위조하고 조작할 음모를 꾸몄다는 것을 이미 알고 있었다. 실제로 재판에서 이 증거들은 간접증거로 채택되었고, 판사들은 그 증거들을 검증할 수도 없었다. 그리고 이런 증거들이 존재한다는 것을 변호인들에게 알리지도 않았다. 이런 상황들은 팔레오로그에게 매우 중요했다. 왜냐하면 이 사건은 외교적으로 큰 부담이 되었기 때문이다. 당시 독일 대사인 뮌스터 백작은 벌써 11월 말 공식적인 항의문을 통해 독일대사관과 드레퓌스의 관계를 부인했다.(팔레오로그의 회고록은 "드 레퓌스 사건의 일지"라는 제목으로 그가 죽은 뒤 한참 뒤인 1955년에 출판되었다.)

　그러나 1896년 중반에야 비로소 이 사실들은 중요성을 띠기 시작했다. 신임 정보참모부장 조르주 피카르가 슈바르츠코펜과 프랑스 소령 페르디낭 에스테라지가 서로 연락을 주고받는 사이라는 것에 주목하고 드레퓌스 재판의 비밀문서를 열어 그 목록의 필체가 에스테라지의 것임을 확인했다. 계속된 조사에서 그는 에스테라지가 1894년 추적했던 그 반역자임을 확신했다. 동시에 동생의 무죄를 입증하려는 마티유 드레퓌스의 노력이 처음으로 공감을 얻게 되었고 사람들은 비밀 문건과 조작된 증거들이 있음을 알게 되었다. 1896년 11월 언론인 베르나르 라자르가 "잘못된 재판, 드레퓌스 사건의 진실"이라는 제목으로 이 사건에 관한 책을 출판하고, 잡지 『르 마탱』은 문제의 목록의 복사본을 게재했다. 물론 이런 움직임이 전개되는 중에도 드레퓌스와 그의 지지파들에게 불리하게 사건은 더욱 조작되어 유포되었다. 특히 1894년 그의 유죄판결을 조작하는 데 가담했던 사람들을 보호하기 위해 사건은 더욱 은폐되었다.(파제스 1991. 77 이하) 이런 활동의 중심에는 위베르 조셉 앙리 대위가 있었는데, 그는 1898년 자기가 짠 음모를 고백하고 얼마 후 자살했다.

1897년 중반 에스테라지의 혐의를 입증해주는 정황이 더욱 짙어지자 하원 부의장인 오귀스트 쉐레르-케스트네르는 드레퓌스 소송을 상고하기 위해 온갖 노력을 기울인다. 급기야 그는 공화국 대통령(당시 대통령은 펠릭스 포르)에게 새로운 상황에 대해 보고하고 11월에는 잡지『르 탕』에 글을 써 자기 입장을 밝혔다. 뒤이어 에밀 졸라의 첫 번째 기고문이『피가로』에 실리고 클레망소의 글이『로 로르』지에 실렸다. 졸라가 이런 글을 쓰게 된 것은 쉐레르-케스트네르와의 만남이 결정적으로 작용했다. 에스테라지는 기소되었으나 1898년 1월 10일과 11일에 열린 비밀 군사재판에서 무죄판결을 받았다.

졸라가 그 유명한 기고문을 쓰게 된 이유는, 그가 적어도 두 가지 관점에서 이 사건의 이전 단계와 비교해볼 때 본질적으로 매우 분명해 보이는 상황에 직면했기 때문이다. 오랫동안 어떤 음모에 의해 어둠에 묻혀 있었던 결정적인 증거들이 이제 만천하에 드러났다. 사람들은 그 목록을 읽게 되었고, 신뢰할 만한 증인들이 그 필적이 에스테라지의 필체와 동일하다고 확인해주었으며, 그 문서 말고는 드레퓌스에 불리한 다른 어떤 직접적인 증거도 없음이 분명히 밝혀졌다. 진실은 아주 명백했다. ― "바로 이것이 명백한 진실입니다. 대통령 각하[…]"(졸라, 16)

물론 이 사건이 어떻게 전개되어야 할지도 분명해졌다. 왜냐하면 모든 증거가 너무 명백함에도 불구하고 에스테라지가 무죄판결

받는다면, 장차 드레퓌스의 복권을 위한 노력에서도 이 사실(진실)들이 중요한 역할을 하지 못할 것이기 때문이다. 이러한 전제조건에서 첫 문단("우선, (드레퓌스 소송과 그 유죄판결에 대한) 진실")부터 마지막 문단("진실의 폭발")까지 해당 기고문에 깊이 새겨져 있는 진실의 날카로운 수사修辭들이 이해될 수 있다. 1897년 11월 25일 『피가로』에 쓴 기고문의 마지막 단어로 이미 졸라는 진실을 드레퓌스 운동의 슬로건으로 만들었다. "진실은 전진하고 있고, 그 어느 것도 이를 멈추게 하지 못하리라." 그리고 이제 그는 자신을 나무라면서 이렇게 쓸 수 있었다. "파리에서는 진실이 저항할 수 없는 행진을 계속했으며……"

이처럼 진실을 향한 열정은 탐구에 대한 열의나 가설의 입증을 기다릴 때의 조급함과는 아무런 관계가 없다. 오히려 이러한 열정은 권력이나 전통, 이기심, 두려움 같은 다른 심급에 이미 확실한 진리의 권위를 부여하고 그 가치를 존중하려는 의지에서 나온다. 체계적으로 진실을 거부하는 힘들의 주요 사례로 졸라는 군대 규율을 든다. 진실의 폭발이란 진실이 순간적으로 확 증대한 것(진상을 규명해달라는 그 밖의 다른 요구는 거의 없었다)을 의미하는 게 아니라, 뿌리까지 부패한 사회관계를 폭파하려는 진실의 (오랫동안 비밀로 감추어진 채 고여 있었던) 잠재력을 말한다. 이 문장 자체가 이에 상응하는 기폭제로 표현된 것이다. 공화국 대통령에게 보내는 공개서한에는 1월 11일 무죄판결을 내림으로써 진실의 얼굴에 "모든 진실에 대한 최고의" 일격을 가한 책임이 있었던 사람들의 이름이 거명되었다.

그러므로 이 서한은 결코 1896년 라자르의 소책자처럼 변호문이 아니라 고소장("나는 고발한다"라는 제목은 원래 『로로르』의 편집장인 조르주 클레망소가 지은 것이다.)이다. 졸라는 이렇게 단호히 쓰고 있다. "이 사건은 바로 오늘, 막 시작되었다." 새로운 소송이 시작되었다. 차원이 바뀐 것이다. 이 대목을 가장 명확히 보여주는 부분은 졸라가 고발한 사람이 에스테라지가 아니라 두 재판에서 위조에 적극적으로 가담한 장교들이라는 점이다. 그중에는 특히 졸라가 은폐활동의 배후 조종자로 간주한 참모부 장교 뒤 파티 드 클랑도 있다.

그렇지만 새 재판과정에서 진실은 은폐와 조작에 맞서는 편일 뿐 아니라 무엇보다도 판결을 내리는 최고 원칙이 된다. 이런 입장은 진실과 개방성(편견 없이 논의할 의지)의 관계를 일반적으로, 특히 법과 정치의 영역에서 성찰할 수 있도록 해준다. 그 이유는 진실에 접근한다는 의미에서 진실의 투명성과 (비밀로 감추어두는 것이 아니라) 진실을 오직 어떤 사실을 명료하게 드러내는 심급으로만 이해하는 것은 적어도 처음에는 구분해야 하기 때문이다.

진실과 개방성

『나는 고발한다』에서 졸라는 이 진실이 그 자체로 아주 분명하고 쉽게 알아낼 수 있는 것이었음에도 그토록 오래 은폐되어 있었다는 매우 대조적인 사실에 집중했다. 독일대사관의 무관 슈바르츠코펜처럼 어떤 특권층은 통상 처음부터 이러한 *단순한 진실을* 알고 있었다. 단지 사람들이 접근하기 어렵도록 이 진실을 은폐하거나 아무나 알 수 없게 만들었을 뿐이다. 진실에 대한 일차적 접근이 중요한 곳은 어디인가, 또 중요한 사태 자체가 드러나지 않도록 은폐되어야 하는 곳은 어디인가와 같은 관점은 이와는 다른 문제이다. 이런 의미에서 버나드 윌리엄스 같은 사람은 세계는 진실이 드러나는 것에 반대한다고 말한다.(윌리엄스 2003, 190) 드레퓌스 사건에서 이런 차이는 잠재적인 역할을 할 뿐만 아니라 통상적으로 중요하다. 특히 필적 감정인에게 계속 호소하는 형태로 말이다. 얼핏봤을 때 이 사건은 사실의 (진위) 여부를 밝히는 일을 필적 감정인에게 위임한 것처럼 보이며, 이것은 19세기 중반 산욕열의 원인을 밝히려고 애쓴 제멜바이스의 노력과 비교할 수 있을 정도로 까다로운 학문적 과제인 것처럼 보일 수 있다.

물론 이렇게 필적 감정인을 초빙했을 때 처음부터 중요한 것은 (진실) 탐구가 아니라 정당화였다. 흥미로운 것은 (사람들이) 학문(과학)이 이런 정당화 활동을 해주었으면 하고 기대하고 있다는 것이다. 드레퓌스 사건에는 이와 관련하여 두 가지 핵심적 사항이 구체적으로 들어 있다.

첫째는 엄밀하게 말해 이런 기대를 충족시킬 만한 학문이 없다는 것이다. 즉 현대 범죄 필적 감정 수준에 도달할 정도로 방법론적으로 확실하고 학문적으로 제도화된 분과학문(학과)이 (당시에는) 없었다는 것이다. 그 대신 쓰인 지식은 범죄 감정鑑定과 역사의 보조학문으로 프랑스에서 고도로 발전한 고문서학 사이에 지극히 불확실한 위치에 있었다. 1820년대부터 파리 국립고문서학교가 고문서 연구 전문가들을 양성하고 실제로 이들 중 몇몇이 드레퓌스 사건에 연루되었다.(파제스 1991, 187 이하) 반면 드레퓌스의 기소 및 유죄 판결의 근거가 되었던 감정서를 작성한 알퐁스 베르티용은 형사이면서 현대 생물계측법(측정학)의 개척자로 신원확인을 위한 인체측정법을 창시한 사람이었다. 기본적으로 그는 문자학에는 그다지 관심이 없었으며 법원에 필적 감정인으로 등록된 적도 없었다. 그의 참여로 인해 이 재판에 들어가게 된 것은 전문자격이 있는 지식이 아니라 현대 과학의 명망이었다. 이처럼 현대 과학에 대한 신망은 끝을 향해 치달았던 19세기를 해석하는 데 있어 하나의 이데올로기로 중요한 기능을 했다. 에밀 졸라 역시 현대 과학에 다음과 같이 무한 신뢰를 보냈다. "모든 인문과학은 (앞으로 다가올) 진실과 정의의 시대를 이룩하기 위해 힘써 일하고 있다."(졸라. 14) 이것이 바로 우리가 과학에서 기대했던 상황이었다. 즉 과학은 온갖 종류의 진리 문제를 (객관적으로) 결정할 수 있으리라는 것이다. 이런 상황에서는 베르티용 같은 개척자들이 정복한 새로운 분야에 매혹됨으로 인해 과학과 사이비과학을 구분하는 일은 부차적인 사안이 되었다. 실제로 베르티용이 작성한 감정서는 그만의 독특한 심리 상태를 은연중에 보여준 것이었다. 정신착란에 걸린 것 같은 그의 논증서류는 과학사적으로도 문제가 있을 뿐 아니라 문학적 상상력이 넘쳐난다. 예컨대 그는 드레퓌스의 필적이 문제의 목록의 필적과 일치하지 않는 점을 해명할 때 드레퓌스가 원래 자기 필체와 일부러 다르게 쓰려고 했다고까지 말했다.(팔레오로그 1957, 23)

둘째는 독일인들이 실제 정황을 모두 다 알고 있었다는 사실은 불 보듯 뻔했다는 점이다. 처음부터 독일 외교부는 드레퓌스와는 어떤 접촉도 하지 않았음을 힘주어 강조했다. 1895년 1월에는 빌헬름 황제가 직접 (독일제국 수상 호엔로에의 서신을 통해) 프랑스인들의 완고한 태도에 유감을 표명하기까지 했다.(팔레오로그 1957. 33) 그러니까 진실이 무엇인지 알고 또 그것이 신빙성 있는 형태로 존재한 곳이 실제 있었던 셈이다. 오로지 이 재판에서만 진실을 마중 나가지 않은 것이다. 대신 과학이라는 이름 아래 다소 엉뚱한 가설들을 동원하고, 사실이 되기에는 문제가 있는 이 가설들을 꽉 붙들고 늘어졌다. 진실은 근본적으로 존재하지만 숨겨져 있었기 때문에, 그것을 찾아나선 것이었다. 그리고 무엇보다 과학적 탐구는 자신의 연구대상인 진실을 은폐하는 데 악용되었다. 과학적 탐구는 저 명명백백한 진실을 결코 증명할 수 없었으며 진실을 사용할 수 없게 만드는 데 이용되었다. 실제로 군사재판에서는 이미 에스테라지가 자신이 그 목록을 작성했다고 자백한 뒤에도, 해당 목록을 쓴 사람이 에스테라지가 아니라고 평가한 필적학자 세 명의 감정서를 채택했다.(1898년 1월 1일자 『로로르』의 클레망소 기고문)

이런 사건을 접하면서 우리가 놀라는 것은 당연하고 또 그 놀라움도 매우 크겠지만 어쨌든 정치와 법학에서는 나름의 전제조건 아래 진실이 과학과는 다른 역할을 한다. 외교적 측면에서는 특정 지식을 요구하지 못하는 합리적 이유가 있다.(정보를 교환해야 할 경우 양측은 간첩 활동을 시인해야만 할 것이다.) 졸라가 목표로 삼은 군사 분야 외에도 정치권 역시 제한적이나마 진실이 완전히 드러나야 한다는 요구에 반대할 수 있다. 역설적이게도 이 두 영역은 진실과 반

목하면서 오히려 신뢰를 얻는다. 성실하게 진실을 지켜야만 신뢰도
가 높아질 수 있다는 가정은 바로 드레퓌스 사건에서 두말할 것
도 없이 순진한 것이었음이 입증된다. 필경 그 이유는 진리는 어떤
가치중립적인 재료처럼 임의의 연관관계 속에 들어가 미리 예견할
수 있는 결과를 도출하는 것이 아니기 때문이다. 드레퓌스 재판에
서 육필 문서학의 과학성은 진실을 드러내는 데 아무런 의미도 없
었고, 판결을 내릴 때에도 진실을 규명하기 위한 증거보다 피고인
이 유대인이라는 사실이 더 중요했다. 이런 종류의 긴장관계는 기
존의 이론적 모델을 전혀 따르지 않은 채 진실을 철학적으로 새롭
게 성찰할 수 있게 한다.

　우리가 드레퓌스 재판과 같은 맥락에서 과학의 역할을 긍정적
으로 이해하고 싶다면, 아마 제일 먼저 그 역할은 정보의 차원에서
그 의미를 속이거나 실수로 정보를 잘못 전달하든 의도적으로 속
이든 간에 기만을 배제하는 데 있을 것이다. 이것은 탐구와 정당성
다음으로 과학 활동의 세 번째 동기일지도 모른다. 이런 의미에서
과학에서 말하는 객관성은 단순한 입증과 무관한 것이다. 독일인
들이 알고 있었던 것은 그 본성상 이와 같은 입증 지식이었다. 외
교적인 유보의 차원과 무관하게 우리는 여기서 객관적인 감정서를
찾아나설 정도로 과학에 대해 보편적 신뢰를 보이는 현상에서 가
장 중요한 핵심이 무엇이었는지를 좀 더 명확하게 규정할 수 있을
것이다. 하지만 문자학자들의 활동이 객관성을 증대시킨 것이 아
니라 입증지식을 벗어나지 못했다는 점에서, 드레퓌스 사건에서는
물론 이러한 성찰이 효과를 보지 못한다.

*진실의 개방성*과 어떤 사태를 분명하게 드러내는 것으로서의 진실을 구분하는 일은 매우 중요하다. 그래서 이 두 가지를 나누는 경계선을 어디에 설정할지 일반적으로 규정하는 일은 매우 중요한 도전이 된다. 진실이 존재하거나 드러난 것으로 평가 받기 위해서는 어떤 일이 일어나야 하는가? 그리고 오로지 *진실을 다루는 것*만이 중요한 주제는 어떤 것이 있는가? 비록 진실이 사라질 가능성과 같은 흥미로운 관점을 무시한다 해도 우리는 진실이 확실하며 또 진실을 알고 있다고 말할 수 있기 위해서는, 얼마나 많은 사람들이 또 어떤 자격조건을 갖추고서 알아야만 하는가 하는 질문에 답변할 수 있어야 한다. 아니면 정보사회라는 여건상 더 적합한 다른 말로 해보면, 진실이 모두에게 확실하다고 말하려면 최소한 몇 명이 알면 되는가? 임마누엘 칸트는 정확히 이 문제를 겨냥하고 어떤 구상을 했는데, 그는 이를 계몽 개념과 연결했다. 칸트는 "모든 부분에서 자기 이성을 공적으로 사용하는" 자유를 계몽이라고 정의한다.(칸트: 『계몽이란 무엇인가』, 484) 물론 이때 공중公衆은 합리적이며 과학적인 공동체 영역으로 파악된다. "하지만 내가 여기서 자기 이성을 공적으로 사용한다고 말할 때는 누군가가 학자로서 모든 독자들 앞에서 자기 이성을 공적으로 사용하는 것을 말한다."(위의 책, 485) '시민적 위치'에서 한 말은 공중의 성격을 얻지 못한다. 왜냐하면 시민적 위치라는 자리는 계약에 의해 구속받고 제약받는 자리이기 때문이다. 그러므로 공중이라는 말은 과학적 관심이 만나면서 진실이 훤히 드러나는 접점이다.(칸트: 『학부들의 논쟁』, 10) 이로써 학자에게는 "세심하게 검증한 선의의 생각들을 모두 대중에게 알릴" 자

유뿐 아니라 의무(칸트는 "소명"이라 말한다)도 규정되어 있다.(칸트: 「계몽이란 무엇인가」, 486) 이런 계몽관에 의해 처음부터 과학에는 사회에 최소한의 진실만 존재할 수 있게 보장해주거나 과학적으로 검증된 진실이 드러나지 못하게 하라는 규범이 들어가 있게 되는데, 우리는 나중에 독자적인 행보를 통해 대중적 지각이라는 문턱을 넘어서야만 이 규범을 극복하게 될 것이다.

이런 생각 역시 과학적으로 획득한 진실을 사용하고 평가하는 데 있어 정치적 주권자의 책임이 어디까지인지를 최종적으로 결정해주지 않는다. 칸트는 계몽을 사회 전체가 자기변형하는 총체적 과정이라고 가정했다. 마찬가지로 대학이라는 존재 역시 그런 문제에 대답하기 위한 본질적인 전제조건이었다.(칸트: 「계몽이란 무엇인가」, 483) 드레퓌스 사건이 있은 지 벌써 100년이 흘렀지만, (사회의 자기변형 과정이 그저 허구가 되지 않으려면) 이 소송을 이끈 지적인 힘들이 계속 그 근원부터 완전히 새롭게 창출되어야 함을 일깨워준다. 필립 키처의 책 『과학, 진실, 민주주의』는 연구정책과 민주주의, 과학의 관계가 그동안 또 한 번 얼마나 근본적으로 변했는지를 보여준다.

정치와 법

진실을 다룰 때 외교 분야가 누릴 수 있는 여지는 항상 구체적인 정치적 지평 안에서 보아야 한다. 특히 이런 이유로 독일 외교부는 드레퓌스의 혐의를 벗기는 데 필요한 세부 내용들을 스스로 밝히는 것에 관심이 없었다. 이 사건을 통해 전 세계적으로 프랑스의 위신이 확실히 떨어지면 그것은 환영할 만했기 때문이다. 외교정책이나 안보정책 같은 국가적 이해가 걸린 문제에서 정부는 진실을 지켜야 한다는 의무감을 절대적이라고 보지 않는다. "모든 정부는 국민의 안전을 보장할 의무가 있다. 이 책임은 권력을 행사하거나 비밀을 유지하지 않고서는 이루어낼 수 없다."(윌리엄스 2003, 39)

그러나 자국민을 조직적으로 기만하거나 자국민에게 알려주어야 할 정보를 차단하는 것은 국가에 부여된 권한이나 책임의 한계를 넘어선 것인지도 모른다. 국가권력과 국민의 관계에서 진실은 정부를 통제하는 도구로 기능하기 때문이다. 진실의 진짜 정치적 기능은 여기에 있다. 하지만 물론 이를 위해서는 어떤 유관 기관을 설치할 수 있느냐 하는 복잡한 기본조건들이 필요하다. 윌리엄스의 견해에 따르면 진실을 통해 정부를 통제하자는 요구는 특히 자유주의 사회에서만 실현될 수 있을 것이다. 이러한 요구가 일단 자리를 잡게 되면 진실과 정보, 언론정책의 밀접한 연관관계가 즉시 드러난다. 자유주의 사회와 진실이 맺고 있는 바로 이런 관계가 프랑스 역사를 놓고 봤을 때 드레퓌스 사건에서 수확한 가장 중요한 결과 중 하나다. 이 사건은 사회 민주화를 추동하는 힘이 되며 이 힘을 통해 언론매체와 여론이 깊은 관계를 맺는 새 시대가 열리게 된다.

졸라는 자신이 이 사건에 개입한 것을 고발이라는 법률 용어로 설명했다. 이로써 분명해진 것은 고발이라는 단어가 법의 영역, 즉 *상고*나 *정의*/Gerechtigkeit 같은 개념으로만 파악될 수 있는 게 아니라는 사실이다. 오히려 『나는 고발한다』가 역사적으로 (그리고 이념사적으로도) 유례없는 대 성공을 거둔 것은, 진실을 향한 그의 파토스가 폭넓은 관점을 열어주었기 때문인데, 이 관점에 따르면 법과 정치, 과학과 같은 다양한 시스템들은 서로 협동할 뿐만 아니라 서로 모순관계에 빠질 수도 있다. 진실은 모든 사회 부분에 똑같은 역할을 하는 개별요소나 개별가치가 아니다. 진실은 서로 다른 요구사항들(안보 대 투명성, 객관성 대 증언)을 조정하기 위해 이론적인 성찰기준을 요구하는 문제적 개념이다. 그럼에도 불구하고 졸라가 제멋대로 이와 같은 법적 메타포를 쓴 것은 아니다. 두 번에 걸친 잘못된 판결이 이런 메타포를 쓰게 만들었다는 것을 논외로 한다 해도 말이다. 실제로 진실에 특별한 가치를 부여해야 하는 상황에서 진실에 대해 새롭고 독자적인 사고를 하기 위해서는 법적으로 생각하는 것보다 더 좋은 건 거의 없기 때문이다.

이를 명확히 하기 위해 드레퓌스 사건과 관련해 중요한 법철학자 울프리트 노이만의 말을 인용하겠다. "자신이 공정하다고 요구하면서 자기를 정당화하려는 판결은 그 부당함으로 인해 신뢰성을 잃게 된다. 이와 같이 진실(공정)하다고 요구하면서 자기를 정당화하기 위해서는 거짓을 통해 부당한 짓을 해야 하는 비싼 대가를 치러야 한다. 여기서 진실을 통한 정당성이 갖고 있는 구조적 약점이 드러난다. 즉 권위를 통한 정당성과 비교했을 때 진실을 통한 정당성은 일괄적으로 적용되지 않고 개별적으로만 적용된다는 약점이 있다."(노이만 2004. 44 이하) 이 말은 여러 관점을 한데 묶고 있는데, 그중 제일 중요한 것은 진실의 가치를 판결의 논증(어떻게 그런 판결을 내렸는지 근거를 대는 것)으로만 제한한다는 것이다. 즉 판결을 내리는 행위가 진실의 규명으로 이어지지 않을 수도 있다는 것이다. 공정함Richtigkeit의 문제도 마찬가지다. 객관성에 대한 요구가 약화된다고 해서 공정함을 판단하는 데 어떤 변화가 있는 게 아니다. 진실이 요구하는 것과는 달리 공정함을 현실적이며 실용적인 기준을 지키는 것으로 이해할 경우 일반적으로 외적인 척도만을 판단의 기준으로 삼게 된다. 이러한 척도가 과학적으로 객관화된 사태로 주어진 건지, 아니면 역사적이며 문화적인 어떤 입장의 형태로 주어진 건지는 부차적인 문제다. 물론 재판의 판결에는 최소한 독립된 척도(기준)를 따라야 할 의무가 있지만, 다른 한편으로 각각의 구체적인 사실들의 진실이 너무 개별적인 경우, 권위가 진실을 만들어내는 것으로 정의할 수 있다. 이른바 '여러 기판력旣判力 이론'(노이만 2004. 44)에 따르면, 판결의 구속력은 진실을 만들어내는 판사의 권위에서 나오는데, 구조상 이것은 교황의 무오류성이라는 종교적 독단과 일치하게 된다.(노이만 2004. 45) 이런 맥락에서 독립적인 심급과의 어떤 연관성이 진리와 결부되기 위해서는 사회구조가 고도로 전문화되어 있다는 특수한 사실이 필요하다. 하지만 이런 종류의 생각은 모두 과학적 진실에 관한 이론과 긴장관계에 빠지게 된다는 것은 분명하다.

현대 법이론은(적어도 18세기 이후에 나온) 어느 정도는 진실과 권위의 이런 공고한 관계를 해체하려는 시도로 이해될 수 있다. 그 결과 판결의 구속성은 소송절차의 안정성이나 합리성 그리고 판결하는 심급의 관할영역과 연결된다. 이렇게 하여 판결의 구속력은 (내용의)

진실과 개념상 구분되고, 더불어 권위를 통해 진실을 떠받치게 할 필요성도 모두 사라지게 된다. 이것은 결코 판결을 내리고 판결의 이유를 설명할 때 진실의 문제가 더 이상 중요하지 않다는 말이 아니다. 진실의 문제가 체계상 전혀 다른 장소로 자리를 옮기게 되었다는 말이다. 물론 노이만이 설득력 있게 보여준 것처럼 이렇게 위치를 옮기는 것은 매우 중요한 일이다. 판결의 구속력을 형식적인 소송절차에 연결시킨다는 것은 자동주의를 의미하지도 않을 뿐더러, 특히 판결이 잘못되는 문제를 해결해주지도 않는다. 이 문제를 해결하기 위해서는 항상 진실과 관계 맺을 필요가 있다. 진실의 요구를 이와 같이 내적 동기로 국한하는 것은 진실을 약화한다기보다는 오히려 진실을 더 정확히 해준다는 것을 의미한다. 법에 있어서 진실은 우선적으로 비판적 역할을 한다. 진실은 법을 압박한다.(노이만 2004, 48) 이제 출발지점으로 되돌아가자. 부당한 (재판) 결과들이 나올 수 있지만 (판결의) 구속력이 진실에 토대를 두고 있고 그 구속력 자체가 (소송) 절차에서 나왔다고 생각할 경우 그것들도 중요한 교정 기능을 받아들이게 된다.

법 분야에서 진실의 기능을 이렇게 비판으로 제한해놓을 때는 다양한 양상이 중요해진다. 우선 우리는 진실의 기능이 외부에서 행사될 뿐 아니라 증거판단의 차원에서 소송절차에 끼워지게 된다는 것을 알아야 한다. "법률가는 무슨 일이 어떻게 일어났는지를 알아내려고 증거를 제기하고 평가할 때 역사가와 다르게 일을 처리한다. 이른바 '증거를 자유롭게 평가'한다는 것은 판사가 판단을 내리는 것을 의미하는 게 아니라, 즉 증거로 받아들인 결과에 대한 여러 다양한 견해들을 공평하게 받아들인다는 것을 의미하는 게 아니라, 의문의 여지가 없는 진실 그 자체에 가장 가까이 접근할 수 있는 법적인 증거에 얽매이지 않아도 된다는 것을 의미한다."(엥기쉬 1963, 6) 진실을 법 영역 밖인 역사연구와 같은 분야에서도 똑같이 적용되는 것으로 이해하는 것은 이와 같은 소송절차 차원에서도 참된 기능을 한다. 하지만 이는 곧 진실이 단일하며 명확하고 의문의 여지 없이 파악되어야 한다는 걸 말하는 게 아니다. 진실을 이렇게 파악하면 자연과학적 연구와 사회과학적 연구, 객관성과 증거, 감각적 인지, 전문가의 지식 등 이 모든 다양한 차원들이 서로 구분되지 않는다. 확실한 것은 전문가들을 끌어들이거나 전문적인 정보를 줄 사람들(드레퓌스 사건에서 필적 감정가나 독일 외교관)에게 자문을 구하도록 결정을 내리게 되면 재판에서 미리 어떤 입장을 선취하게 된다는 것이다.

두 번째 양상은 (소송에 하자가 있든 증거를 평가할 때 잘못이 드러나든 그때마다) 여러 가지 상고 형태가 있는데 그것을 엄격히 구분하는 것이다. 특히—셋째로—진실의 역할을 이렇게 파악하는 것은 법원의 실제 판단과 법학 사이를 연결해준다. 진실은 구체적인 사실의 측면뿐 아니라 그 자체로 이론을 요구하고 가정을 검증하는 학문의 측면에서도 법에 압력을 가한다.(노이만 2004, 57) 학문의 틀 안에서라면 우리는 보편적 진리관을 중심으로 입장을 취할 수 있을 것이며 하나의 특수한 유형의 진술만을 설명해야 할 것인데, 그것은 물리학이나 일상적 경험에 관한 진술이 아니라 법에 관한 진술이다.(노이만 2004, 8)

법에 관한 진술은 사회적 사실에 관한 진술 중에서 특별한 것에 속하며, 이런 점에서 법에 대한 성찰은 일반 학문론적 문제가 된다. 이런 성찰은 자연적 사실과 사회적 사실, 구성적 사실을 구분하는 것에도 해당되며, 특히 반역이라는 법적으로나 사회적으로 중요한 사실을 법적으로 해석하는 차원과 연관된다. *진실은 권위를 통해 만들어진다*는 사고방식과 관련해서는 이미 앞에서 특별히 흥미로운 문제제기를 한 바 있지만, 이 문제는 여기서 다시 등장하는데, 그것은 사회적 사실을 그 자체로 파악하는 것과 언어행위를 통해 그런 사실을 만들어내는 현상을 구분하는 것이다. 어떤 판결이 판사의 권위를 근거로 진실을 요구할 수 있다면, 이로써 그 판결에는 모종의 한 가지 (판결의 내용과 관계 있는) 사실이 존속하게 될 것이다. 이런 사실은 (자연적인 혹은 과학적으로 객관화된) 사실과 원칙적으로 구분되는 사회적 사실인데, 이런 사실이 존재하느냐 존재하지 않느냐는 그 판결이 옳은지 틀린지를 결정하는 데 매우 중요하다. (사회적 사실이 절도사건에 대한 유죄판결을 내리게 만드는데, 이것은 그 판결을 어쩌면 오판으로 만들지도 모르는 구체적 사실과는 구분되어야 한다.) 앞에서 설명한 것처럼, 우리가 법적인 사유에서 구속력이라는 다른 관념을 위해 이런 연관관계를 해체한다 해도 진실에 관해 성찰할 때는 본질적으로 중요한 문제가 남게 된다. 그것은 법의 영역 밖에서 특정한 언어행위를 통해 (언어행위가 이루어졌다는 일상적인 사실을 넘어서) 사회적 사실이 만들어지기도 한다는 문제다. — 가령 세례식을 생각해보자. 세례식에서 명시적으로 진실을 요구하지 않을지라도 그런 행위의 정당성(결과)은 본질적으로 세례자의 정당성과 관련하여 모종의 다른 진술이 진실로 판명될 수 있다는 데 달려 있다. 그러므로 일반적인 차원에서 언어, 행동, 현실, 진실 같은 개념들을 서로 관련시키는 여러 문제들은 진실과 법의 관계에서도 그대로 나타난다. 철학적 성찰에 있어서는 J. L. 오스틴의 언어행위 이론이 결정적인 자극을 주었다.(오스틴 1972) 법의 진실성에 관해 보충설명을 해주는 오스틴의 이론에서 가장 중요한 가르침은 분명 현대에는 진실과 비판이 본질적으로 서로 한편이라는 점이다. 이 지점에서 졸라의 정치적 개입이 법의 관점에서 갖는 중요성이 다시 한 번 부각된다.

원래는 법이나 정치적 영역에 해당되던 진실에 대한 많은 생각들이 역사 분야에서 서로 만난다. 판사가 진실을 추구하는 것은 역사가가 진실을 추구하는 것과 비교되었다. 이 두 사람에게 중요한 것은 "삶의 개별적 사실들에 판단을 내리는 것이지"(엥기쉬 1963, 6) 보편적 합법성이 아니다. 반대로 (오늘날 과학으로 인정받는) 역사를 현대 과학으로 만드는 데 있어서 법학의 실천 모델은 매우 중요하다. 고대부터 근대까지 역사는—역사기술은—버나드 윌리엄스가 말한 것처럼 "진실을 이야기(서사)하는 것"이었다.(윌리엄스 2003, 232) 이 말의 핵심은 바로 이야기한다는 것이 진실을 포기하는 것을 의미하는 게 아니라 허구적인 것을 선택할 권리를 의미한다는 데 있다. 이와 같은 진실의 서사는 근대와는 극명하게 다른 방식으로 진실을 요구한다. 다시 말해 이것은 전통의 권위를 통하거나 이 전통에 편입되어 있는 개인의 권위를 통해 진실을 요구한다. 그래서 진리를 요구하는 데 있어서 추가적인 정당화 조치가 필요 없었다. 새로운 사실이 발견되어 역사가 다르게 이야기되는 경우에도 추가적인 정당화 조치는 불필요했다. 이런 입장에서 프랑스 역사가 폴 베인은 근대 이전 역사서술가들이 원전을 인용하지 않은 사실을 우리는 이해해야만 한다고 주장했다.(베인 1983) 그러나 역사서술가가 원전을 제시하고 원전의 위상과 원전을 어디에 사용했는지 공개하여 사람들이 비판할 수 있게 한 순간, 진실에 대한 다른 방식의 요구(이른바 원전 비판)는 권위적인 서술과 긴장관계에 놓인다. 베인은 이런 일이 일어난 것이 신학적 그리고 사법적 담론과 교차되기 때문이라고 설명한다. 이 담론에서는 이야기가 중요한 게 아니라 쟁점을 결정해주는 것이 중요하다. 그러므로 여기서는 예/아니오 중 양자택일의 문제로 첨예화되며 둘을 놓고 결정하는 데 있어 중요한 사실들이 명확하게 상술되어 있다는 전제조건 하에서 비로소 어떤 한 진술의 진실성이 유효해진다.

이 같은 의견 변화는 역사연구에 관한 학술적 토론이 있기 전에 일어난다. 이러한 의견 변화는 학술적 토론이 수용되기 위한 전제조건인 것이다. 그러나 윌리엄스의 주장에서 분명한 것은 현대 자유주의 사회에 와서야 비로소 이런 의미에서 참된 역사서술을 위한 전제조건이 최적화될 수 있었다는 사실이다. 자유주의 사회질서는 "다양한 설명과 이에 대한 다양한 욕구들이 서로 만날 수 있는 여건을 마련해주기 때문이다."(윌리엄스 2003. 391) 물론 자유주의 사회 역시 "참된 역사에 대한 특별한 욕구"가 있기는 마찬가지다.(위의 책, 392) (윌리엄스에 따르면) 이것은 과거에 자유로운 사회를 떠받치는 데 기여했고 오늘날에도 같은 일을 하는 신화를 자유주의에 보여줌으로써 참된 역사에 대한 욕구가 불신 받게 해서는 안 된다는 의미에서 현실적인 욕구이기도 하다. 왜냐하면 철저한 역사연구 작업을 통해 이런 신화들을 비판하는 것은, 신화가 이데올로기를 통해 감추고 있는 것 때문에 지불해야 할 대가가 무엇인지는 물론이고 구속력 있게 기능하고 있는 자유주의의 자원이 무엇인지를 분명하게 드러내 보일 것이기 때문이다. 드레퓌스 사건의 역사는 민주주의 국가와 자유주의가 최근 발전하는 가운데 얻게 된 역사이다. 이 사건의 역사에는 신화적 요소와 실제 계몽이라는 요소가 둘다 들어 있다. 그것은 드레퓌스가 복권되기 오래전에 이미 역사연구의 대상이 되었다. 그렇지만 이 역사는 그 자체로도, 특히 『나는 고발한다』로 시작된 추진력에 힘입어 자유민주주의 안에 그런 연구를 할 수 있는 여지와 잠재력을 함께 규정해놓았다. 이런 점에서 예전의 이 역사를 다시 꺼내어 이야기하는 것은 사회에서 진실이 폭발하는 다양한 양상을 명확하게 하는 데 어울리는 연습이 되었을지 모른다.

제2장

기만과 거짓에 반대하는 진실:
소피스트, 플라톤, 아리스토텔레스

이 장은 첫 장과는 정반대다. 첫 장에서는 철학 분과에 속하지 않는, 말하자면 진리에 대한 철학 외적인 여러 다양한 접근방법을 모아보았다면, 이제는 고대 그리스 철학이 (기원전 5세기에서 3세기까지) 진리의 문제에 대해 철학적으로 어떻게 접근하고 있는지 보여줄 것이다. 이것으로 오늘날에도 여전히 구분되는 가장 중요한 (진리) 관점들이 언급된 셈이다. 그것은 바로 언어논리학적 관점, 형이상학적 관점, 인식론적 관점이다. 물론 진리의 문제를 이렇게 계속 세분화하는 과정에서—어쨌든 역사적 관점에서 봤을 때—(상이한 관점들 사이의) 긴장은 플라톤의 저작에서 철학이 하나의 진리관을 결정할 의무가 있는 것으로 규정될 정도로 고조되었다. 플라톤의 이런 생각은 그 타협불가능성에도 불구하고 전략적인 차원에서 하나의 구체적인 논의를 유발했다. 그것은 바로 인간 웅변(수사학)의 힘과 본질을 둘러싼 논쟁이다. 그리고 이 논쟁에는 처음부터 여러 대안들이 가능했다. 하지만 주목할 만한 점은 플라톤부터 시작해서 철학 내에서 그런 종류의 긴장은 아주 많이 나타났다는 것이다. 이것은 오늘날까지 진리가 철학적 문제가 되는 과정이다.

그 여정은 소피스트인 고르기아스의 텍스트에서 출발해 진실과 기만이라는 개념쌍에 대한 플라톤의 논의를 거쳐 그의 관념론까지 이어진다. 진실에 관한 아리스토텔레스의 언어논리학적 이해는 이 장의 마지막 부분에서 이어진다.

웅변술(수사학)

플라톤은 비단 진리 개념에 들어 있는 다양한 문제에만 완고하게
천착한 것이 아니다. 그는 철학이 진리를 추구할 수 있다고 보았
다. 그러므로 철학자는 언제나 그리고 어떻게 해서든 진리를 쫓는
다.(『국가』, 490a) 그렇다고 해서 이 말이 철학과 진리라는 잘 알려진 이
두 개념이 새로운 관계를 맺었다는 걸로 이해되어서는 안 된다. 무
엇보다도 이 말은 플라톤이 진리에 관해 미리 한 가지 정의를 내리
고 이것을 전제로 했다는 걸 뜻하지 않는다. 오히려 그에게 진리는
어떤 첨예한 경쟁 상황에서 철학이라는 타이틀을 요구할 수 있도
록 도와주는 일종의 기본 개념이다. 때문에 진리에서 가장 흥미로
운 것은 어떤 명시적 이론이나 정의보다 우선적으로 기만, 특히 남
을 속이는 웅변과 같은 진리의 반대개념이라는 사실이다.

　오늘날까지 소피스트라고 불리는, 고등교양 영역에서 플라톤과
소크라테스의 경쟁자들에게 진리라는 명칭은 이미 매력을 상실했
다. 원래부터 그리고 오랫동안 사람들은 소피스트를 고등교육을
받은 지성인 혹은 경우에 따라서는 전문 지식인(오늘날의 전문가)으
로 이해하고 있었다.(커퍼드 1982, 24 이하) 하지만 소크라테스 시대에 오
면서 이 명칭의 핵심적 의미가 오히려 논증기술자로 변하게 되었
다. 탄탄한 교육 프로그램과 장기적으로 유용한 지적 능력의 제
공자라는 품위 있는 이미지를 갖고 싶어했던 그들에게 철학자라
는 이름은 좋은 선택지였다(예컨대 고르기아스의 제자인 이소크라테스). 하
지만 유일한 선택사항은 아니었다. 플라톤의 대화록 『고르기아스』

에서 고르기아스는 직접 자기가 쓰고 있는 기술이 무엇인지 명명
해줄 것을 요구 받고 *수사학*Rhetorik이라는 단어를 처음 입에 올린
다. 이 변종 명칭은 얼핏 보면 소피스트라는 명칭보다 훨씬 더 독
창적이다. 플라톤 이전에 직업적이거나 공적인 일에 웅변술을 사용
한다는 의미로 *수사학*이나 *수사학자*라는 용어를 사용한 증거는
거의 없다.(스키아파 2003, 40 이하) 그리고 이런 측면에서 봤을 때 수사학
은 실제로 궤변철학Sophistik과 함께 생겨난 것이다. "소피스트 활
동의 시작은 수사학의 시작과 구분되지 않는다."(랜킨 1983, 24) 이 새
명칭은 자기 자리를 정확하게 차지하지 못한다. 곧바로 소크라테
스가 고르기아스에게 앞으로는 장황한 연설을 포기하고 짧은 문
답식 대화술을 사용할 것을 요구하기 때문이다. 변증술Dialektik이
나 논쟁술Eristik은 토론을 하거나 논쟁을 벌일 때 필요한 특수한
능력인 반면 수사학은 특히 독자적으로 연설을 잘하기 위한 기술
을 의미한다.

　논쟁의 영역에는 가장 넓은 의미에서 보자면 인간의 연설행위
Rede, 연설능력, 연설을 정교하게 전개하는 것, 책임감 있게 연설하
는 것 등이 들어간다. 이런 맥락에서 소피스트, 철학자, 변증법자,
수사학자 같은 표현들은 서로 다른 관점이나 영역들을 목표로 할
수 있다. 이 영역들은 어쩌면 기능적으로 상호 보충 작용을 할 수
있을지 모르지만 연설이라는 전체 현상에 대해서 서로 합일될 수
없는 입장들이 있다는 것도 암시해준다. 플라톤의 대화록이 나오
던 시대에는 연설을 정확하게 고쳐 쓰지 않았다는 것, 말하자면 연
설이 그대로 견본화 되었다는 점을 아는 것이 중요하다. 연설의 목

적은 논쟁을 벌이고 있는 두 파벌들의 주장을 명확히 표시하거나 각 파벌의 강령에 들어갈 내용을 습득하는 것이다. 사회학자 랜들 콜린스가 강조한 것처럼,(콜린스 1998) 이런 역사적 상황에는 (소피스트들이 여행을 하며 활동한 것과 달리) 여러 지적 조류들이 학파 결성이라는 새로운 방식으로 제도화되었다는 것이 중요한 요소로 작용했다.(커퍼드 1982, 15 이하) 여기서 플라톤은 아카데미를 설립해 정신적 내용을(가령 피타고라스학파) 새로운 학설로 통합시키는 기술에 있어 선구자가 되었다.

플라톤은 (어느 시점부터) 진리에 대한 엄격한 개념 구상을 통해 철학이 소피스트에 반대해야 한다고 요구할 수 있는 근거를 마련한다. 여기서 적어도 두 가지 논증 노선이 구분되는데, 그 한 노선은 목표설정과 방법론적 기준(개별 전문가의 지식을 논증하고 일반화할 수 있는 가능성)이라는 관점에서 철학을 수사학과 구분한다. 여기서 플라톤은 일관된 입장을 보이지 않는다. 어떤 때는 오로지 철학에만 *테크네*/Techne의 지위를 인정한다. 이럴 때면 수사학은 단순히 숙련된 *솜씨*/empeiria가 된다.(플라톤: 『고르기아스』, 462c) 또 어떤 때 플라톤은 수사학에 테크네의 지위를 부여할 것을 검토하기도 한다. 물론 수사학이 자체 내에 철학을 통합하고 있다는 조건에서 말이다. 수사학을 테크네로 만들 수 있는 것은 그 안에 철학적인 것이 들어 있기 때문이다.(플라톤: 『파이드로스』, 269d 이하) 이런 차이는 결정적으로 중요한 것은 아니다. 왜냐하면 두 가지 변이형태는 동일한 주제를 다루기 때문이다. 그것은 바로 각 대상의 참되며 불변하는 본성을 통찰하는 것만이 지식(앎)으로 간주될 수 있으며, 이런 지식이 있어야 솜씨가

테크네가 될 자격을 갖추게 된다는 것이다. 대중의 변화하는 기대에 부응하는 수사가들의 솜씨는 이런 자격을 갖추기에는 부족하다. 그것은 단순한 아첨이다. (이를테면 『파이드로스』에서는 웅변가라면 반드시 갖추어야 할 기본 지식이 너무 높게 책정되는데, 그것은 바로 영혼의 본성이다.) 전체적으로 이 노선의 논거는 테크네 개념을 통해 전달되며, 이런 의미에서 그 논거는 간접적이다.

이에 반해 다른 노선은 결정적인 내용들을 단도직입적으로 대결시킨다. 여기서는 질문과 대답이 직접적이고 명확하다. 소피스트란 무엇인가? 대중을 기만하여 장사하는 사람이다. 철학은 무엇인가? 변하지 않고 신뢰할 수 있는 진리를 확인하는 것이다. 이 노선에서는 단순히 진리를 요구하는 것만이 문제가 되는 게 아니다. 여기서는 진리를 요구한다는 말이 무엇을 의미하는지 분명히 설명되어야 한다. 다시 말해 진리는 기만에 대한 반대 개념이자 지식의 본질적 요소라는 것이 입증되어야 한다. 그런 다음에야 비로소 소피스트와 철학자를 구분할 수 있다는 것을 증명하라고 요구할 수 있다. 물론 이 전략은 첫째, 기만과 진리가 실제로 모순될 때에만 성공하는 것이다. 둘째로는 이러한 모순에서 출발하여 웅변에 관한 두 가지 반대되는 입장을 설명할 수 있을 때에도 이 전략은 성공을 거두게 된다. 플라톤은 『고르기아스』에서 웅변에 대한 두 가지 반대되는 입장을 이렇게 표현한다. "두 가지 웅변술이 있는 것처럼 보인다. 하나는 지식을, 다른 하나는 믿음을 낳는다.(플라톤: 「고르기아스」, 454e) 존재와 가상의 개념쌍도 이와 나란히 놓인다.(「크라튈로스」 대화편 408c에 참된 웅변과 거짓된 웅변이라는 반대모델이 나온다.)" 플라톤은 자신이 쓴 여러 글에서 이를 어렵지 않게 암시할 수 있었다. 소피스트들은 대중과 의뢰인에게 서로 모순되는 견해들을 설득하는 능력이 뛰어나다고 뽐내고 다녔으니까 말이다.

철학사적으로 이 문제는 그렇게 분명하지만은 않다. 플라톤의 대화편은, 어쨌든 역사적 인물인 고르기아스가 두 개의 중요한 텍스트에서 기본적으로 자기 연설Rede에 진리를 요구했으며 이에 대해 성찰하기도 했다고 말하면서 끝난다. 텍스트들(헬레나를 찬미하는 연설과 팔라메데스에 대한 변론) 그 자체로는 이론적으로나 철학적으로 플라톤과 경쟁이 되지 않는다. 그렇지만 간과할 수 없는 사실은 이 텍스트들이 기존 진리관의 대안을 찾는 것을 목표로 한다는 점이다. 이에 따르면 진리는 기만과 절대적인 대립관계에 있지 않다. 간단히 말하면, 고르기아스도 분명히 플라톤 계열의 철학자와 자기를 구분하지는 않았을 것이다. 플라톤계 철학자는 이런 사실을 이 소피스트에 대한 인물평에서 다음과 같이 설명하고 있다. "[…] 진리에 대한 강조가 단호하며, 이런 경우가 있었다는 것을 고르기아스가 의도적으로 부인한 적이 없다는 것을 보여준다."(커퍼드 1982, 79) 비록 고르기아스가 진리에 대한 자신의 생각에서 바로 철학을 이끌어내지는 않았지만, 진리에 대한 그의 생각은 플라톤이 꾀한 진리로부터 철학의 탄생이라는 *계보학적* 논의에 연결될 잠재적 가능성을 내포하고 있다. 어쩌면 19세기에 와서야 비로소 프리드리히 니체가 진리의 위상이 이렇게 변했음을 인식하고 그 대안을 언급하려 했는지 모른다. 어쨌든 그때부터 이 대안은 상대주의, 그리고 진리에 관한 철학적 이론의 본래의 목표 설정과 의미 및 과학과 진리의 연관관계에 관한 온갖 논의에서 결정적으로 중요한 역할을 한다. 이른바 포스트모더니즘에 와서 (포스트모더니즘이 철학적 차원에 위치하는 한) 이 대안은 중요한 기준점이 된다. 때문에 플라톤을 성찰하기에 앞서 여기서는 고르기아스의 "헬레나" 연설문에 몇 문단을 할애하려고 한다.

고르기아스

이 연설문은 수사학의 통상적인 구분법의 관점에서 봤을 때 어느 하나로 분류하기가 쉽지 않다. 찬양연설, 재판변론, 충고연설이라는 고전적 세 가지 분류법에서 보면, 이 연설문은 찬양연설이기도 하고 변론이기도 하다. 주요 내용은 헬레나가 바람을 피우는 바람에 전쟁이 일어났다는 죄목으로 그녀를 기소한 것을 논박하는 것이다. 고르기아스 자신은 (어느) 중요한 부분에서 이 연설을 헬레나를 찬미하는 것이라고 일컬었지만 결국에는 이 연설이 변론으로도 사용된다(예컨대 고귀한 가문은 그녀의 무죄에 찬성한다). 한편으로는 미리 완성된 연설과 구분된다는 점에서, 다른 한편으로는 대화 형식의 논쟁이라는 점에서 이 "헬레나" 연설문은 분명 대표적 유형들의 모든 기준들을 충족하고 있다. 심지어 이 연설문은 전해지고 있는 것 가운데 시종일관 시적 문체로 작성된 최초의 산문연설로 간주되기도 한다. 하지만 내용면에서 봤을 때 이 글은 논쟁술 성격이 강하며, 그래서 시대를 초월하여 (그리고 신화와 역사의 경계를 넘어) 논쟁이 벌어지는 장소에 좋은 묘수로 등장한다. 이 논쟁적 요소는 이 연설문의 자기 성찰에서 분명히 드러난다.

변론의 의도는 물론이고 논쟁의 관점에서 보더라도 (이 연설문에는) 진리에 대한 요구가 물론 들어 있다. 하지만 고르기아스는 이를 훨씬 넘어선다. 이 연설문은 이렇게 시작한다. 진리는 순전히 연설을 완성시켜주는 장식물kosmos이다. 즉 연설의 성공 여부를 가늠하는 척도다. 이것은 한 도시의 장식물이 그 도시 영웅의 용감함이고, 몸의 장식물이 아름다움이며 영혼의 장식물이 지혜인 것과 마찬가지다. 그 또한 자기 연설이 이 기준에 부합한다고 뽐내며 연설을 마무리한다. 이 진술이 얼마나 중요한지는 논거 대상을 함께 성찰할 때 드러난다. 이때 고르기아스에게 우선적으로 중요한 것은 헬레나가 무엇 때문에 파리스를 따라갔는지 분석하는 일이다. 그 다음에는 중요한 동기들Motive을 차례로 들어 가며 그 동기들에서 그녀의 무죄를 입증할 만한 것들을 보여주는 일이 중요하다. 신들의 의지나 강제 납치 같은 시나리오에서는 이것이 어렵지 않아서, 고르기아스는 결국 단 하나의 불확실한 가설에만 주목하게 된다. 그것은 헬레나가 설득당했다는 가설이다. 그리고 그는 이런 가정 아래서도 그녀가 무죄임을 보여주고자 한다. 왜냐하면 이 연설은 커다란 힘, 특히 아무런 반대도 불러일으키지 못한 기만의 힘을 지니고 있기 때문이다. 그러므로 고르기아스의 "헬레나" 연설문의 매혹적인 도전은 본질적으로 그가 자기 연설에 진리를 요구하면서도 동시에 바로 연설이란 원래 기만이라는 논거를 통해 진리에 도달하려고 목표했다는 것이다.

고르기아스는 자기가 기만을 어떻게 이해하고 있는가를 분명히 하기 위해 연설의 효과를 마약의 효과나 마법(술)의 효과, 비극이 가진 매혹의 효과와 비교한다. 특히 그는 이 개념의 내용에 관해 언급하고 있다.(그 단어는 아파테apate*인데, 플라톤 역시 이 단어를 『소피스트』의 중요한 부분에서 같은 의미로 사용하고 있다. 260c) 아파테의 효과는 헬레나가 현실은 물론 자기의 본질에도 부합하지 않는 상태를 중요하게 파악한 데 있다. 그녀는 이런 생각을 토대로 순진하게 행동했기 때문에 자기 자신은 물론이고 다른 사람들까지도 비극적 흐름에 휘말리게 한 것이다. 기만에는 남을 속일 생각으로 현실을 잘못 해석한 것 뿐 아니라 자기 본성에 따라 그녀가 파악하고 의도했을지 모를 행동도 들어간다. 이것들 사이에 정도의 차이만 있을 뿐이다. 기만은 꼭 착각에서 나오는 것은 아니며 원칙적으로는 심지어 객관적 진리를 수반할 수도 있다. 단 그 주체에게 잘못 해석할 가능성을 남긴 채 그 진리가 현시된다는 전제 하에서 말이다. *아파테*는 참과 거짓의 구분을 남김없이 없애는 기만이다. 이것은 시(문학), 즉 환상의 유희를 보고 우리가 즐거워하는 토대가 된다.

화제를 바꿔 이제 우리는 속은 사람의 의도와 그가 내린 평가를 고려해야 한다. 여기서 변론은 구체적인 사건에서 시작한다. 왜냐하면 설득을 통해 이처럼 기만당한 주체가 인식할 수 있는 기회가 악화되었기 때문이다. 연설과 인식의 관계를 일반화하자면, 이 관계는 반대 관계라고 말할 수 있다. 고르기아스는 이렇게 말한다

---

* '속이다'라는 뜻. 속임수의 여신을 지칭하기도 한다.

(11번째 단락). 사람들이 과거를 명확히 기억하고 현재 사건을 통찰하며 열린 시각으로 미래를 조망한다면, 연설의 이러한 기만가능성은 사라진다. 하지만 정반대로 사람들은 천성적으로 인식이 부족한 상황에 놓여 있다. 그들의 영혼은 끊임없이 변화하고 신뢰할 수 없는 의견(억견doxa)에 지배된다. 이 억견에 사로잡힌 사람은 필연적으로 빠르든 늦든 비극적 운명에 휘말린다. 이런 인류학적 근본 상황에서 연설(로고스logos)에 따라 입장을 취하는 것은 어쨌든 인식 기회를 개선해준다. 장기적으로 어떤 기만의 가능성이 그 안에 도사리고 있을지라도 말이다. 연설은 의견을 만들고 형성하며 구조와 신뢰성을 생성한다. 한마디로 말하자면 확신을 만들어낸다. 이것은 인식하는 자이자 행동하는 자인 우리 상황을 본질적으로 강화한다. 그렇지 않으면 개인으로서 우리는 이 세상에서 이성적으로 올바른 방향을 찾지도 못할 것이며, 정치적 공동체도 형성하지 못할 것이다.

물론 이런 일반화 역시 절대적이지 않을 수 있다. 신들과 또 직접적으로 신들에 의해 영감을 받은 시인들은 죽을 수밖에 없는 존재가 갖고 있는 인지적 장애를 해소할 필요가 없다. 고르기아스는 바로 그 때문에 신적 진리가 우리 행동을 평가하고 단죄하며 찬양하는 인간 연설의 척도가 될 수 없다고 말한다. 그는 자기 연설에 인간 현실에 적합한 진리를 부여하려 한다. 이 진리는 신적인 영감이 아니라 오직 중요한 (실재) 사실들을 구체적으로 분석함으로써 얻을 수 있을 것이다.

그런 사실 중 하나는 연설의 현실성과 효력이다. 그리고 전 세계적으로 작용하는 또 다른 사실은 시간이다. 『팔라메데스의 변론』
에서 고르기아스는 이와 똑같이 진리를 요구하는데, 여기서 고르기
아스는 조용히 참고 기다릴 필요가 있다고 말한다. 다시 말해 더
강한 다른 연설가가 나타나든, 아니면 또 다른 사실들이 떠오르든
지 간에 기다리는 것이 중요하다. 물론 이것은 근거가 취약한 억견
에서(또는 설득력이 부족함) 상대적으로 안정적인 설득과정으로 넘어갈
때 기만이 일어날 가능성이 있음을 결코 완전히 배제할 수는 없다
는 데서 나온 한 관점일 뿐이다. 따라서 플라톤이 무엇에 관해 주
로 항변할지는 논쟁의 여지가 없다. 만일 내가 5분 전에 그 사건
에 관해 특정한 견해를 갖도록 설득당했다면, 한 시간 뒤에는 다
시 설득 당해 어쩌면 다른 견해를 갖게 될 수도 있다는 것이다. 그
러나 고르기아스의 관점에서는 어떤 연설을 해석하는 능력이 다른
연설에 대한 확신—기만이기도 하다—을 야기할 수 있다는 것은
흠이 아니다. 오히려 이것은 내가 만약 상대적으로 더 나은 말logoi
을 그렇지 못한 말과 구분하는 법을 배운다면, 나는 장기적인 관
점에서 나와 공동체에게 유용한 어떤 확신에 이르게 될 것이라는
현실(주의)적인 희망과 비슷한 것이다. 내가 어떤 내용에 대해 방금
확신했는데 한 시간 안에 거기서 멀어질 수 있다면 (상황은 변하지 않
고 그대로라는 것을 가정하고서) 나는 분명 근거 박약한 로고스(말)에 속
아 넘어간 것이라고 추론할 수밖에 없다. 그리고 나는 논리가 더
강한 연설을 따르는 법을 배워야 한다고, 그것도 저명한 소피스트
에게서 배우는 것이 가장 좋다는 결론에 이를 뿐이다.

　의견보다 연설(의 힘)이 더 강한 것은 형식상 진리에 안전하게 접

근할 수 있어서 그런 게 아니다. 이런 관점에서 진리를 척도로 삼는다는 것은 (결코 뒤죽박죽되어 있지 않고 고유한 위계질서를 만들어내는) 연설들이 경쟁하는 가운데 관련된 사안과 가장 엄격한 관계를 맺으려고 시도한다는 것만을 의미할 따름이다. 유혹의 말이라는 속임수의 힘에 굴복당한 것이라면 헬레나는 용서 받을 수 있다. 하지만 좁게 보자면, 이런 해석 가능성은 여러 사람이나 전제조건들이 관계를 맺고 있는 상황에 의존한다. 그런데―넓게 인식인류학적 관점에서 보면―이런 상황 앞에는 늘 두 개의 원칙이 있다. 한 가지 원칙은 기만행위에 구조적으로 공범자가 된다는 원칙이다. 청자 역시 로고스(말)를 확신함으로써 이익을 얻는데, 여기서 그도 공범이 된다는 원칙이다. 두 번째 원칙은 속임수가 불리한 결과를 가져올 때마다 더 설득력 있는 말을 동원해야 할 의무를 말한다. 고르기아스는 이렇게 강력한 논리로 무장한 연설을 이 구체적인 사건에서 헬레나를 위해 몸소 행한 것이다.

*고르기아스가 말하는 진리*는 사람들이 임의대로 요구한 내용을 테스트할 때 쓰는 확고부동한 기준이 아니다. 오히려 그것은 매번 새로 시작하는 움직임 속에서 모습을 드러내는 어떤 형상물처럼 보일 수 있는데, 여기서 움직임이란 연설의 힘을 통해 의견이 확신에 이르게 하는 운동을 말한다. 반면 플라톤에게 진리는 어떤 다른 인식을 목표로 의견을 극복하기 위한 전제조건이다. 인식은 플라톤의 진리에 초월이라는 명칭을 안겨준 가장 단순하면서도 으뜸가는 의미다.(빌란트 1982, 288 참조)

플라톤

*안정성*은 플라톤과 고르기아스를 연결해주는 커다란 주제다. 일시적이고 직접적인 감각인상과, 그 결과로 생긴 신뢰할 수 없는 의견들은 세상의 확실한 기준이 되지 못하며, 공동체의 계획을 논의하고 결정을 내릴 때 논거로 사용할 수도 없다. *앎*이란 언어가 상황과 무관한 입장들을 뒷받침할 때 비로소 시작될 수 있다. 그러나 두 사람 사이의 이런 공통점 속에는 차이점 역시 싹트고 있다. 플라톤에게 처음부터 분명한 사실은 기만을 완전히 배제하지 않는 연설은 *억견*의 불안정성에서 결코 해방될 수 없다는 것이다.(플라톤: 『메논』 97d-98a) 따라서 인식에서 절대적 안정성과 안정성의 차이는 정도의 차이가 아니라 체계의 차이다. 궁극적으로 어떻게 (그 확실성을) 절대적으로 보장 받는가와는 상관없이 앎은 가변성, 기만성, 피상성을 완전히 떨쳐야 한다. 어떻게 이를 보장할 수 있는지는 우선 말할 수 없다. 어떤 다른 참된 연설의 형태로? 아니면 일반적인 연설 자체에 숨어 있으며 일종의 여과절차를 거쳐 구속력 있게 될 수 있는 어떤 형식에서? 직관이나 기억, 영감같이 연설 자체에는 전혀 들어 있지 않으며 (연설 자체와는) 무관하게 존재하고 있는 상황을 통해서? 플라톤은 이 모든 가능성에 대해 숙고했다. 그렇지만 여기서 서로 비교되는 모티브들은 특히 현상들을 비판적으로 성찰한 결과 나타난 것이다. 참된 앎은 이 현상들과는 뚜렷이 대조를 이루어야 한다.

믿음을 주느냐 아니면 인식을 야기하느냐로 연설의 종류를 구분하는 것은 여기서 여러 다른 차원들 중에 그저 하나의 차원일 뿐이다. 하지만 이는 고르기아스에 비해 입장의 변화가 있음을 분명히 보여준다. 대화편 『소피스트』(240a)에서 소피스트와 그들 기술의 본질은 착각을 불러일으키는 것으로 설명되며, 믿음을 만들어내는 연설 기술은 겉보기에만 그런 것, 있을 법한 것, 납득이 가는 것 등 여러 단계로 분류할 수 있지만, 전체적으로 모두 인식을 주는 기술과 대비된다. 앎을 믿음이나 기만과 구분하는 것은 진리다. 이를 위해 전개되는 성찰은 진리 개념을 통해 소피스트들과 앎을 구분하는 데 쓰일 뿐 아니라 일차적으로는 진리 개념 자체에 좀 더 명확한 윤곽을 부여한다.

우선 이 개념은 단순히 부정적으로 기만의 반대를 의미한다. 그러나 기만의 반대(플라톤: 『소피스트』, 240b)가 우리가 참됨을 (존재하는 것처럼 속이는 것täuschend Seiende이나 전혀 존재하지 않는 것gar nicht Seiende과 달리) 참된 존재ontos on, 즉 정말 존재하는 것das seiend Seiende으로 이해해야 한다는 걸 말한다면, 진리에 좀더 정확하고 구체적이며 객관적인 의미가 강조된다. 이때 기술적인 요소가 중요한데, 수사를 동원해 설득하는 것은 예술에서 이미지를 만드는 것과 비교된다. *착각*은 이 두 가지를 연결하는 개념이 되는데, 착각은 적당한 위치에서 보면 주어진 원본처럼 보인다. 하지만 그 위치와 무관하게 그것의 참된 형상과 구조를 조사해보면, 그 착각은 뭔가 좀 다르고 왜곡되어 있다는 것이 입증된다. 이것은 회화에만 해당되지 않고 건축가에게도 적용된다.(플라톤: 『소피스트』, 235e) 건축가는 기둥을 배열할 때 "아름다움의 참된 상태"를 실현하지 않는다. 멀리 떨어진 여러 곳에서 보면 동일한 것이 동일하지 않게 보이기 때문이다. 착각의 반대 개념은 진정한 모상eikon, 즉 원래 모습을 있는 그대로 모방한 것이다. 이 비교는 원본의 존재를 요구함으로써(원본은 이미지가 모방해야 할 원래 모습이다. 원본은 이미지의 척도일 뿐만 아니라 참된 것이다.) 진리에 어떤 독자적인 대상성을 요구한다.

하지만 이 비교는 대비의 다른 차원도 미리 보여주고 있는 셈이다. 착각이 실제 구조에 있어서 왜곡된 것이긴 하지만 아름다운 모습을 제공한다는 것은, 실제 모습을 성실하게 모방하고 있는 진정한 모상이 왜곡된 모습을 제공할 수 있다는 것의 이면에 불과하다. 이것을 우리는 이렇게 해석할 수 있다. 착각은 원본이 아니라 그저 원래 모습에서 이탈하도록 조작된 것이다. 이런 조작은 우리 감각이 어떤 모습을 볼 때 늘 일어난다. 이로써 이런 대립관계는 연설행위에서 인식행위로, 수사학에서 인식론으로 자리를 옮기게 된다. 감각적 체험의 대상들을 현상해놓은 것들은 그 자체로 기만적이며 대상과 일치하지 않는다.(플라톤: 『파이돈』, 78e) 플라톤의 『국가』에서 가장 유명한 구절 중 몇 가지를 보면, 특히 선의 비유(509c; 『파이돈』, 79b에도 나온다)와 동굴의 비유(514a)는 어째서 감각적 인식을 신뢰할 수 없는지 풍부한 논거를 전개하고 있다. 하지만 이렇게 인식 이론으로 옮겨가면서 물론 참됨의 객관적인 측면에 대해 설명할 필요성이 제기된다. 원칙적으로 감각이 우리를 속인다면(우리 눈에 들어온 원본은 더 이상 원본이 아니다), 우리가 어떻게 객관적으로 원본이나 기준규범(완벽한 비율의 건축물)을 인식할 수 있을까?

그것은 감각 외에도 또 다른 인식방식이 있다는 조건 아래에서

만 가능하다. 그것은 바로 사유이다. 결국 모든 모방의 모범이 되
는 원본은 눈으로 볼 수 있는 것이 아니라 사유를 통해 추론될 수
있는noeten 것이다. 이것은 선의 비유에서 가장 설득력 있게 설명되
는데, 대화편 『파이돈』(플라톤: 「파이돈」, 79a, b)에서는 인식능력의 담당자에
대해 말하고 있다. 감각은 육체에 매여 있고 사유란 영혼의 힘이다.
참됨은 독자적으로 사유된 것이고, 안정적이며 감각으로는 접근할
수 없다. 참됨은 변하지 않으며, 생성하는 것과 달리 존재하는 것
이다. 이렇게 해서 결국 또 하나의 존재론적 해석이 더 나온다. 그러
나 가장 중요한 질문은 다음과 같다. 사유 가능함과의 연관성은
어떻게 만들어지는가? 여기서 사유한다는 것은 무엇을 의미하는
가?

가시적인 것(감각적으로 주어진 세계)과 사유된 것(지적인 세계)을 가장
첨예하게 대립시키는 대목에서(플라톤: 「파이돈」, 99e) 플라톤은 이렇게 지
적으로 생각해낸 것과 우리가 관계를 맺는 방식을 설명하기 위해
logoi(logos의 복수)라는 낱말을 사용한다. 이것은 때에 따라 *사유*라
고도 번역된다. 하지만 이 경우 사유에서는 특별히 언어행위가 중
요하다는 것을 알아야 할 것이다. 물론 이런 맥락에서 또 다시 연
설에 대해 말한다는 것은 오해의 여지가 있을 수 있다. 중요한 것
은 언어와 감각 외에 우리가 가지고 있는 추가적 능력은 문제가
아니라는 사실이다. 여기서 언어란 고도의 훈련을 받고 사용하는
언어를 의미한다. 플라톤은 이 훈련을 *변증법*이라 부르지만, 이 용
어는 논쟁기술과 정반대되는 것이다. 플라톤의 변증법을 소피스트
의 반 논리학 및 논쟁술과 구분하기 위해서는 얀 스차이프의 분석

이 특히 중요하다.(스차이프 1996, 260 이하) 플라톤 변증법의 의의는 방법
론적으로 잘 조직화된 언술방식Redeweise을 통해 임의적이고 추상
적일 수 있으며 감각체험으로부터는 그 어떤 정보도 얻을 수 없는
내용과 명확하고 안정적인 관계를 만들어내는 데 있다.(플라톤: 『국가』.
532a). 변증법적 연구는 "무엇이 X인가"(예컨대 정의)라는 형태의 질문
에 이렇게 대답한다. 변증법적 연구가 성공하면 이 X는 대상과의
안정적인 관련성을 드러낸다. 변증법을 구체적으로 구성하고 있는
방법요소들은 개념들을 분할하는 것(이분법적으로 계속 판단을 내리면서
정의하는 것), 또는 기하학적 비례론을 모방해 만든 유추이다.(랜킨은
소피스트에서 플라톤으로 넘어가는 과정과 분할 개념에 대해 잘 설명하고 있다. 랜킨
1983, 23:169)

우리가 성공적인 변증법적 연구 결과로 연관 짓는 대상을 플라
톤은 *이데아*라고 부른다. 이데아는 탁월한, 지식(앎)의 유일한 대상
이다. 그 속에는 진리를 객관적으로 보여줄 수 있는 요소가 압축
되어 있기 때문이다. 곧 진리는 어떤 사물이 그 자체로 존재하는 것
이다. 진리는 이와 다른 것이 아니고 다르게 존재하지도 않는다. 이
데아는 이런 사실이 딱 들어맞는 대상이다. 이데아는 오로지 변증
술(언어)이라는 길을 통해서만 접근할 수 있기 때문에(그 밖에 다른 추
가적인 특징을 통해서는 동일시될 수 없다), 어떤 진술과 또 그 진술이 거쳐
가는 길을 구분하는 것은 특히 어렵다. 왜냐하면 진리는 (그럴 자격
이 있는) 사물에 들어 있는 것이 아니라 오로지 진술을 통해서만 접
근할 수 있다는 것은 진리에 관한 매우 이성적인 (그리고 어쩌면 유일
하게 확실한) 생각이기 때문이다. 하지만 이것은 플라톤의 이데아론

의 맥락에서는 중요하지 않다. 언어가 참으로 가는 길이긴 하지만, 진리는 말로 한 것만은 아니다.

이처럼 언어와 진리, 인식이 서로 관계가 있다는 생각은 이데아론에 한데 묶여 있는데, 이런 생각은 그 복잡성과 개별 논거들의 수미일관성 그리고 사유의 포괄성만으로도 철학적 문제를 다루는 데 있어서 최고의 기준이 된다. 그럼에도 불구하고 언어와 진리, 인식 간의 내적인 (상호)의존성에 대해 완전히 숙고하지는 못하고 있으며, 이 문제와 관련하여 제기될 수 있는 모든 질문을 다 고려하지는 못하고 있다. 플라톤의 진리론과 관련해서 생길 수 있는 가장 매혹적인 문제 중 몇 가지는 근본적으로 그가 앎을 기만에도 끄떡없는 것으로 요구했을 때, 즉 앎을 기만이 생길 수 있는 모든 연관관계로부터 빼내었을 때부터 나온다. 오직 이데아로부터, 그리고 오직 변증법적 방법을 통해서만 인식에 이를 수 있다는 의미에서 이데아론은 이런 원칙을 급진적으로 실현한 것으로 볼 수 있다. 앎(지식)과 의견이 계속 첨예하게 대립해온 것이 이를 말해주고 있다. 이렇게 되면 최종 결론에서도 두 대상 영역은 분리된다.(스차이프는 존재론과 인식의 이런 평행관계를 주의 깊게 분석했다. 스차이프 1996, 183 이하) 이데아가 억견doxa으로 파악되지 않는 것처럼, 감각과 주관적 견해의 가변적인 대상들은 사유로 파악되지 않는다. 『국가』(플라톤: 『국가』, 506c)에서 플라톤은 앎(지식)이 없는 의견은 무가치하다고 말한 바 있다. 그러나 앎과 의견을 철저하게 구분한다 해도, 앎(지식)이 담긴 의견이 어떻게 더 많은 가치를 누려야 하는지 알기 어렵다. 그리고 실제로 플라톤은 이런 차이의 대안이 되는 관점도 계속 보여주고 있는

데, 이에 따르면 이데아라는 진리와의 관련성은 현상에 대한 언급을 통해서도 근거가 확실한 구조들을 타당한 것으로 주장할 수 있는 수단을 의미한다. (현상이 이데아에) 참여한다는 개념은 분명 진리와 긍정적으로 관련됨을 말해준다. 그리고 현상을 통해 합리적 담론이 가능한지 여부는 현상이 얼마만큼 이데아의 모상으로 해석될 수 있느냐 하는 정도에 달려 있다. (물론 고르기아스가 보기에 이것은 피안의, 사이비-신적인 진리에 굴복하는 것이며 이런 한 인간 삶의 사실들을 외면하는 일이다.) 하지만 이렇게 앎(지식)과 의견의 관계를 통합적으로 보는 시각이 지배한다면, 왜 이데아라는 것에 독자적인 객관성을 요구해야 하는지 알기 어렵다. 변증법의 훈련은 그 자체로 현상에 대한 연설을 정리하는 것으로도 만족할까? 여기에 긴장이 도사리고 있다.

이런 문제에 대한 특정한 어느 관점은 진리 문제의 고유한 차원으로 격상될 수 있다. 어느 유명한 대목에서(플라톤: 『메논』, 98a) 소크라테스는 앎과 참된 의견의 차이를 강조한다. 논증이 있어야 앎이 될 수 있지만, 참된 의견은 우연히 만들어지기도 한다. 우리는 이 말을 의견이 앎으로 이어지는 길은 전혀 없다고 이해할 수 있다. 하지만 *의견의 진리성* 그 자체에 관해 말하는 것도 흥미롭다. 확실히 의견의 진리성은 앎(지식)의 진리성에 비해 거의 임의적으로 굉장히 경시될 수 있으며 이로써 내용 없는 공허한 것이 될 수 있다. 하지만 틀린 의견에 비해서 참된 의견은 구체적이고 분명하게 규정된다. 참된 의견에는 대상에 대한 어떠한 이데아도 없으며, 여기에다 (이데아와) 유사한 대상 관련성을 요구하는 것도 별로 좋은 생각이 아니

다. 이것은 오직 다른 명칭으로만 사고와 이데아의 관계를 재현할
것이다. 우리가 참된 의견을 단순한 미시여구로 통속적으로 만들
지 않으려면, 틀린 의견과의 관계 속에서 참된 의견의 핵심을 파악
해야 한다. 이 말은 여기서 진리란 진리가 진술 그 자체와 부합하
는 방식으로 작용한다는 것을 의미한다. 진리는 하나의 진술에 귀
속된다. 그것이 다른 진술에 귀속되지 않는 것처럼 (그리고 다른 진술
에 귀속되지 않는 한) 말이다. 우리는 이렇게 숙고를 통해 진리에 관해
새롭게 파악하는 것을 시작할 수 있는데, 이것은 이데아론과는 다
른 문제 영역을 열어준다. 플라톤도 직접 이 영역을 잠깐 다루었
다. 하지만 그는 말하자면 반대편에서, 즉 *틀린 진술*이라는 문제에
서 출구를 찾았다. 대화편『소피스트』에서 소피스트는 잘못된 가
상을 만들어내는 사람이라고 되어 있다. 그리고 이것은 소피스트
의 존재를 올바로 규정한 말일 것이다(소피스트의 정의). 그렇다면 틀
린 말이란 무엇인지, 그리고 틀린 말로 진리를 요구하는 진술이 가
능한지 처음부터 설명되어야 할 것이다.(인식론적 접근과 대상 영역을 나란히 놓는
것에 대한 대표적인 비판은 랜킨 1983, 169 참조)『소피스트』에서는 거짓이 있기 위해
서는 (플라톤적 가정 아래) 있지 않은 것이 있어야 한다고 분명히 말한
다.(플라톤: 『소피스트』, 237a) 참된 것과 있는 것이 서로 짝을 이룬다면, 그
리고 여기에 거짓이 존재하는 걸 허용한다면, 단 두 가지 (별로 매혹
적이지는 않은) 가능성만 남는다. 거짓도 참된 것이라고 말하는 게 그
하나다. 물론 이것은 논증목표—소피스트의 배제 정의법—에 도달
할 수 없는 것을 의미할지도 모른다. 또 다른 가능성은 거짓은 참
과 구분된다는 것이다. 하지만 이때 그 차이는 오직 거짓이란 있지

않은 것이라는 사실에만 있다. 이 경우에는 있지 않은 것이 있다는
사실을 필연적 결과로 받아들여야 한다.

　바로 이것이 논증의 목표로 설정된다.(『소피스트』, 241c) 그리고 물론
이 과제는 존재의 의미를 구분하여 모순을 사라지게 하는 데 있을
것이다. 그러나 이렇게 구분하는 일은 간단하게 요청할 수 있는 성
질이 아니라 객관적 검증을 거쳐야 이루어질 일이다. 모두 참 아니
면 거짓일 진술logos의 각 부분들을 구분함으로써(말하자면 간접적인
방식으로) 이 차이를 얻을 수 있다는 것이 플라톤의 근본사상이다.
만약 "테아이테토스가 앉아 있다"와 "테아이테토스가 난다" 같은
예문에 대해 논의할 때,(『소피스트』, 263a 이하) 처음에는 다음과 같이 간
단히 생각할 것이다. 이 두 문장은 다르다. 한 문장은 참이고, 다
른 문장은 거짓이다. 하지만 이 두 문장은 하나의 똑같은 대상을
다루고 있다. 테아이테토스다. 여기서 두 가지 이론이 나온다. 하나
는 거짓 진술 역시 분명 하나의 진술이며 하나의 대상을 갖고 있다
는 것이다. 두 번째는 참인 진술과 거짓 진술을 구분 짓는 근거(토
대)가 각 문장 중 하나를 다른 것과 구분 짓는 부분에 있어야 한
다는 것이다. 여기서는 '날다'와 '앉아 있다'가 그 부분이다. 이로써
보편적인 결과가 나온 셈인데, 로고스(여기서는 참과 거짓에 대해 언급)는
이데아의 진리를 찾는 사고와는 달리 본질적으로 구성된 것이라는
사실이다. 그렇지만 참과 거짓이 갈리는 지점은 거짓된 진술logos을
거짓되게 만드는 요소는 그 자체로 '있지 않은 것'이 아니라 단지
그 진술의 불변의 대상(테아이테토스)과의 연관관계 속에서만 존재한
다는 것이다. "거짓 진술은 있지 않은 것을 있는 것으로 말한다."

이런 이유로 더 정확한 설명이 즉각 요구되는데, 있는 것이긴 하나 이것은 테아이테토스와 관련하여 존립하는 현존재와 구분된다. 바로 여기서 처음부터 얻으려 한 결과에 이른다. 즉 *존재*와 *현존재*를 구분하는 것 말이다. 이로써 있지 않은 것에 대해 있다고 말할 수 있게 된다. 다시 말해 테아이테토스와 관련하여 있지 않은 것인 '날다'에 관해 그것은(날다) (그 자체로는) 있는 것이라고 말할 수 있다는 것이다. 그러므로 존재의 구분은 존재의 두 가지 의미를 해당 진술 logos 부분들이 갖고 있는 상이한 기능들에 귀속시킴으로써 일어난다. 하나는 진술 대상을 동일시하는 기능이고, 다른 하나는 이 대상과 관련하여 어떤 내용을 진술하는 기능이다. 결국 거짓 진술은 동일한 것을 다른 것으로 혹은 있지 않은 것을 있는 것으로 진술하는 것으로 설명될 수 있다.(이 결과는 즉시 사유는 내적 대화라는 테제를 통해 참 내지 거짓 의견에 관한 구상으로 역전이 된다—『메논』에서 나온 말은 이와 함께 이론적 연관관계를 맺으며 통합된다.)

이렇게 진리에 관한 새로운 관점을 얻게 되었다. 이 관점이 이제부터 (진리) 개념에 대한 철학적 논쟁을 지배할 것이다. 진리는 명제와 관계한다. 진리는 명제들의 복잡성을 전제로 한다. 진리는 명제 부분들을 그 기능에 따라 구분하는 걸 전제로 한다. 플라톤의 글에서조차 예컨대 동굴의 비유처럼, 진리의 등급을 구상할 때 이러한 진리-진술을 이데아론의 참된 있음과(현존재와) 함께 생각하려고 하는 기미가 이따금 보이기도 한다. 그러나 현대 논리학사(모라브치크 2004, 7)에 나오는 아리스토텔레스 이전 논리학에 관한 항목을 보면 특이하게도 플라톤이 이미 아리스토텔레스의 저작에서도 읽을 수 있을 법한 구절을 많이 언급하고 있는데, 그건 바로 존재하는 것들에 관한 참된 진술은 그것이 존재하며 또 어떻게 존재하는지를 말하고 있다는 것이다.(플라톤: 『소피스트』, 263b-c) 플라톤의 고유한 사유의 새로운 관점은 간단히 이렇게 이야기할 수 있다. 이러한 진리의 반대 개념은 더 이상 기만이 아니라 거짓이다.

아리스토텔레스

『형이상학』에서 아리스토텔레스가 *모순율*을 철학의 최고 원칙이자 가장 확실한 원칙으로 들었다는 점에서(아리스토텔레스: 『형이상학』, 1005b) 이제 진리의 반대 개념은 거짓이라는 견해는 간과할 수 없게 된다. 모순율은 동일한 것이 동일한 것에 (동일한 관점에서) 속하면서 동시에 속하지 않기는 불가능하다고 말한다. 이런 공식은 서로 화해할 수 없는 두 가지 상태가 명제가 된다는 가정을 강요하지는 않는다.(이런 가정은 존재론적이거나 인식론적 해석들도 허용할 것이다.) 하지만 분명한 것은 이 공식이 이름(명사)과 진술(동사)로 구성된 플라톤의 예시 문장("테아이테토스가 난다", 이 문장은 아리스토텔레스에게 명백하다. 『형이상학』, 1008a21)과 동일한 형태의 구성방식(하나가 다른 것에 속하게 되는)을 다루고 있다는 점이다. 모순율에 대한 토론에서 아리스토텔레스는 서로 화해할 수 없는 두 가지 상태를 긍정과 부정이라고 해석한다. 이를 통해 그는 만약에 이 두 상태가 모두 참이라고 한다면 나올 수 있는 결과들을 기술한다. 이런 관계는 그가 모순의 원칙과 분명하게 관련지어 소개하고 있는 *배중률*(『형이상학』, 1011b20 이하)에서 완전히 명확해진다. 각각의 내용은 반드시 다른 각각의 내용에 의해 긍정되든가 아니면 부정되어야만 하며 제3의 가능성은 존재하지 않는다. 이에 이어 다음과 같은 유명한 원칙이 나온다. "왜냐하면 있는 것을 없거나 있지 않다고 말하는 것은 거짓이고, 이에 반해 있는 것을 있다고 말하고 있지 않은 것을 있지 않다고 말하는 것은 참이기 때문이다." 이로써 참과 거짓은 진술의 속성으로 규정된다. 『명제론』 제1장에서 아리스토텔레스는 언어 진술의 복합성의 원칙도 자세하게 설명한다. 참·거짓에 있어서 중요한 것은 결합과 분리다.(아리스토텔레스: 『명제론』, 16a) 그는 언어(문자)기호를 영혼의 표상들을 드러내는 상징으로 그리고 다시 사물의 모사로 다루기 때문에 사물, 표상, 언어를 보는 관점에서 늘 결합과 분리의 차이가 중요하다. 실제로 아리스토텔레스는 형이상학의 중요한 한 부분에서 분리된 것을 분리되었다고 주장하고 결합된 것을 결합되었다고 주장하는 사람이 진리를 주장하는 것이라고 분명하게 강조한다.(『형이상학』, 1051a 이하) 이 말에서 분명하게 드러나는 것은 진리를 일치성, 그것도 제약관계Bedingungverhältnis로 파악하고 있다는 것이다. 어떤 견해가 진리이기 때문에 사태가 존재하는 것이 아니라 그 반대이다. 즉 사태가 존재하기 때문에 우리가 주장하는 것이 진리이다. (배열된) 언어 진술이 현실(의 배열)과 일치하는 것을 진리로 보는 진리이론의 본질적 관점이 여기에 요약되어 있다.

(진리를) 긍정과 부정 개념의 모순을 배제하는 것으로 형식적으로 설명하고 있는 『명제론』의 제6장과 같은 부분을 읽는다면, 이 부

분은 진리이론에 대한 중요한 규정인데, 이론의 응집력(일치성)을 위해 문제를 축소하는 대가를 치러야 했지만 여기서는 완결된 이론을 다루고 있다는 인상을 강하게 받을 수 있다. 참된 앎에 플라톤식으로 접근한다면 매혹적일 수많은 질문들이 이 언어논리적인 틀 안에서는 더 이상 제기될 수 없다. 이 문제는 특히 마르틴 하이데거에게 비판의 동기가 된다. 그렇지만 대안적 견해를 설명하기 위해서는 물론이고 아리스토텔레스의 철학 자체를 접하기 위해서는 그밖의 다른 연관관계도 고려해야 한다. 왜냐하면 아리스토텔레스는 진리 일반에 대해 질문이 제기되는 모든 영역을 새롭게 재고 나누었기 때문이다. 고르기아스까지만 해도 아직 인간 언술의 통일 (물론 긴장이 흐르고 있긴 하지만) 가능성이었던 것이 아리스토텔레스에게 오면 (각각 자신만의 고유한 토대와 목표가 있는) 독립 학문으로 나누어지는데, 이 학문들의 의존성과 상호보완성에 대해서는 늘 새로운 관점에서 다시 성찰할 수 있다. 그것들은 바로 논리학, 수사학, 형이상학 그리고 학문론인데, 이들 분야에서는 진리가 (그 안에서) 중요한 토대의 역할을 맡지만 결코 늘 동일한 역할을 하지는 않는다. 아리스토텔레스가 거둔 커다란 이론적 업적 중 하나는 아마 진리 개념을 이 모든 분야에 배치한 것일 것이다. 그리고 이들 각 분야의 새로운 관점은 그의 견해의 본질적으로 새로운 점을 보여준다. 따라서 (비록 중심 테제라 하더라도) 하나의 테제에 대한 토론을 통해 진리에 대한 그의 생각을 평가하기는 어려울 것이다.

　모순율과 배중률 같은 원칙들은 그 형식성으로 인해 당연히 그가 (우리가) 진리를 이해하는 보편 규정이 된다. 하지만 아리스토텔레스가 형식과학으로 토대를 놓았던 논리학에서조차도 이 원칙들로부터 결론을 도출하거나 이 결론들이 기능을 발휘할 때 늘 다른 결정들도 관계한다. 즉 삼단논법 이론에서처럼 명제들은 *오노마* onoma*와 *레마*rhema**의 구분으로도 불충분할 정도로 특이하게 (논리)구성되어야 한다. 그리고 우리는 논리학 전체를 (전적으로 아리스토텔레스의 의미에서) *진리를 얻어내는 추론*이라는 개념으로 정의할 수 있지만, 잊어서는 안 될 것은 삼단논법에 대한 아리스토텔레스의 독특한 설명은 그 필연적인 결과로 진리 개념을 필요로 하지 않는다는 사실이다. 이 문제는 (보편)타당성을 논리적 진리에서 찾으려한 근대적 진리관의 해석 문제와 연관해서만 중요한 것이 아니다. 이를 통해 수사학과 중요한 접점이 생기게 된다는 것이다. "삼단논법(추론)이란 어떤 것이 정립되면, 그 정립된 것과는 다른 것이 필연적으로 나오게 되는 사유 방식이다."(아리스토텔레스: 「분석론 전서」, 24b) 하나 혹은 다수의 명제를 받아들임으로써 필연적으로 또 하나의 특정한 다른 명제도 받아들이게 된다는 결론이 나온다는 해석은 이른바 아리스토텔레스의 변증법적 추론에 매우 중요하다. 여기서 분명히 해야 할 것은 처음에 받아들인 명제도 그리고 그 결과로 강요된 명제도 진리가 아니라는 사실이다. 오로지 첫 번째 받아들임에서 두 번째 받아들임으로 넘어가는 이행 과정만이 필연적이다. 하지만 어쨌든 받아들임의 개념 속에 있는 본질적 요소가 진리로 간주된다고 가정한다면, 결합이 복원된다. 진리·견해·기만에 관한

---

* 이름
** 술어

질문들은, 변화된 전제조건 하에서 고르기아스의 이론에서 나타나는 것보다 더 긴장관계를 형성한다.

환상 개념을 성찰할 때에도(아리스토텔레스: 『영혼론』, 428b) 기만이라는 테마는 또 다른 측면에서——즉 자신만의 특수한 내용과 연관하여 지각을 기만할 수 있는 자유라는 형태로——(진리에) 위험하다. 나는 내가 본 것(깃발)이 빨간색인지는 착각할 수 있지만, 내가 붉은색을 보았다는 사실을 기만할 수는 없다. 그런 만큼 지각은 늘 진리라고 아리스토텔레스는 이 책의 어느 부분에서 말한다. 물론 지각은 여러 등급으로 나눌 수 있는 능력이며, (지각)내용이 속한 대상(깃발)을 전적으로 지향할 수 있다. 이 경우 지각은 무언가에 대한 지각이다. 이처럼 지각은 기만에 취약해지기도 하며, 참 혹은 거짓이 될 수 있다. 엄밀하게 말하면 지각은 기만에 취약할 때(즉 거짓도 될 수 있을 때)만 참이 될 수 있다. 왜냐하면 어떤 내용을 단순히 재현할 경우 지각에는 진리를 위해 요구되는 합성이 결여되기 때문이다. 그러므로 기만의 자유에서 나온 진리는 비본래적인 의미에서만 진리이다(이에 관해서는 특히 『형이상학』, 1051b18 이하 참조)——이것은 용어상으로 해결될 수 있을 상황이다. 하지만 이런 진리는 두 개의 중요한 질문을 암시한다. 하나는 지각이 진리를 담지할 수 있느냐는 것인데, 지각이 그 자체로 자신의 특수한 내용을 대상과 연관 지운다면, 명제와 마찬가지로 이 지각에도 참, 거짓이 속할 수 있다. 아리스토텔레스는 여기서 이 문제를 의견으로 확장시킨다. 그 결과 당연히 모순율과 같은 원칙들도 의견이나 지각에 적용할 수 있을까라는 문제가 흥미로워진다. 또 하나의 질문은 고등단계의 (진리능력이 있는) 지각과 내용을 단순히 보여주는 것으로서의 지각 사이의 내적 연관성에 관한 것이다. 이렇게 단순하게 보여줌으로써 기만을 벗어나는 것은 단지 파생적 의미에서만 진리로 이해될 수 있으나, 진리의 연구와 검증에서 이렇게 단순하게 보여주는 것에 어느 정도 특별한 기능이 부여될 수 있는가는 앞으로 연구할 수 있을 것이다. 그래서 아리스토텔레스의 이론에서 진리 문제의 인식론적 차원이 다시 복원된다. 아마 여기서 특히 스토아학파 같은 아리스토텔레스 이후의 철학이 진리의 검증기준으로서 지각에 대해 논의할 동기가 부여되었을 것이다.(슈트리커 1996, 특히 제2장, 7장)

하지만 아리스토텔레스는 진리와 과학의 관계를 위해 발전시켰던 자신의 구상으로 광범위한 영향을 미쳤다. 진리를 명제의 술어로 간주하는 이론은 여기서 자신의 모든 잠재력을 다 발휘한다. 과학적인 추론은 그 전제(삼단논법 정의의 첫 번째 전제)가 참일 때 타당한 추론이 된다. 이로써 우선 플라톤의 참된 앎만이 진리를 명제-진리로 파악하는 것에 부합하게 된다. 하지만 아리스토텔레스는 과학을 논리적 추론을 통해 연관관계를 맺는 활동이며 여기에는 개별 명제의 증명과 복합 현상의 해명 그리고 보편 원칙의 연구가 통합된다고 본다. 이런 구조는 앞으로 오랫동안 진리를 어떻게 찾고, 어떻게 논증하고 어떻게 보존하는지를 결정하게 될 것이다.

3장

신학과 과학의 진리 경쟁: 코페르니쿠스적 전환

> 이 장의 주요 부분은 근대 초기에 벌어진 진리관의 극적 대결을 설명
> 한다. 신학과 과학(철학)이 벌이는 논쟁은 특히 코페르니쿠스의 개혁이
> 라는 거울을 통해, 그리고 철학자 한스 블루멘베르크의 저작과 관련
> 하여 분석된다. 과학과 진리를 연결했던 고전적 관념을 포기한 것이
> 그 중요 결과로 간주된다. 이 장의 첫 부분에서는 중세가 고대의 진리
> 이론들을 어떻게 받아들이고 있는지를 소개하겠다.

과학과 진리

플라톤의 앎 개념과 마찬가지로 아리스토텔레스의 과학관에서도
진리와 논증 개념이 중심이 된다. 플라톤에게 진리는 *참된 있음*(이
데아) 사상에 압축되어 있다. 이데아와 다른 것이 논증된 진리로 간
주되기 위해서는 상황에 따라 이데아가 그 논증 대상에 일종의 참
여를 허용하거나 언어적 측면에서 변증술적 절차를 통해 이런 의존
성(대상이 이데아에 속함)을 통찰하도록 해야 한다. 하지만 이와는 달
리 아리스토텔레스에게 이런 총체적 복합체는 언어구조로 해석될
수 있다. 즉 진리는 늘 명제이며, 논증은 명제들 사이의 관계다. 참

여를 허용하는 이데아의 자리에는 논리 규칙에 따라 다른 명제들을 파생시킬 수 있는 탁월한 명제들(원칙들)이 대신한다. 과학은 특정한 구조(문법적 구조)를 가진 언어(설명)로 파악될 수 있다. 이런 원칙을 찾아 이에 따라 증명이 이루어지면 과학은 점점 더 흥미로운 현상들을 해명하고 더 많은 문제적 진술들을 검증하거나 반박함으로써 확장된다. 이렇게 본다면 과학은 가장 보편적인 명제가 참이라는 전제 하에서 자기 임무를 수행하는 것이다.

진리에 대한 그 밖의 일반적인 특징들이 있는지 그리고 하나의 명제가 진리가 되기 위해서는 어떤 조건을 갖추어야 하는지—원칙이 되기 위해서는 진실만으로는 부족하기 때문이다—는 아리스토텔레스가 체험의 언어적 체계화와 지각 그리고 원칙 연구의 차원에서 탐구한 인식론적 문제들이다. 과학(학문)을 언어로 간주한다는 것은 과학에서 독자적 대상 세계와의 연관성을, 그리고 이 대상들을 인식하기 위한 근원을 빼앗는다는 것을 의미하지 않는다.

예컨대 증명에 비해 과학적 연구를 과소평가하는 것과 같이 아리스토텔레스의 입장 가운데 몇몇은 오늘날 더 이상 공감을 얻을 수 없음에도, 논리적인 틀 안에서 합리적 해명이라는 동기와 경험적 내용이라는 동기의 균형을 잡고 있다는 점에서는 현대적이라고 할 수 있다. 물론 특히 19세기 이래 현대과학에서 매우 중요한 역할을 하는 한 가지 측면, 즉 과학 이론은 완전히 거짓—특히 개별 사실이나 실험을 통해 반박이 가능하다—이 될 수도 있다는 생각(삼부르스키 1956, 233 이하)은 그의 입장에서 찾아볼 수 없다. 현대과학적 사고가 아리스토텔레스의 입장과 대립하는 데는 여러 이유가 있다.

한편으로 실험에 대한 고대의 생각은 (현대와는) 완전히 달랐다. 그 당시 실험은 테스트가 아니라, 보편 개념을 형성함으로써 체험을 안정화시키는 수단으로 여겨졌다. 다른 한편으로 이론 혹은 과학은 하나의 개별 명제와 같은 척도에 따라 평가되기에는 너무 복잡한 것으로 간주되었다. 아리스토텔레스 물리학의 성공 요인은 자연 사물의 운동을 다루는 다양한 관점들을 서로 연관 지어 이해하고 이런 연관관계 속에서 원칙에 근거하여 현상을 설명해주었기 때문이다. 아리스토텔레스의 과학 이론에 이와 같이 모든 것을 포괄하는 총체적인 시각이 들어 있다는 사실은 결코 우연이 아니다. 왜냐하면 그의 과학 이론은 수백 년 동안 바로 이런 정신에서 파악되었기 때문이다. 아리스토텔레스의 물리학에 대한 주석들은 고대 후기 이후부터 이 이론을 분명하게 반박하는 논증이나 반증 예들에 대해 논의해왔지만 이것들은 특수 현상으로 이 이론에 덧붙여지거나 이 이론에 빗나간 것으로 분류되었다. 그래서 분명하게 모순된 반증 예들이 있었지만 아리스토텔레스 물리학 자체를 배척하지는 못했다.

물론 이론은 포괄적 진리를 갖추어야 한다는 좀 더 보편적인 생각과, 실험을 통해 이론을 검증해야 한다는 특수한 생각 사이에는 최소한 역사적 관점에서 적지 않은 차이가 존재한다. *결정적인 실험*crucial experiment*이라는 개념이 현대적 의미를 얻기 훨씬 이전에는 과학 이론의 진리는 다른 진리(즉 믿음의 진리)와는 대립되는 것

---

* 베이컨에 따르면 결정적 실험이란 모든 가능성 있는 것을 열거해서 각각을 테스트하는 것을 말한다.

으로 생각될 수 있었다. 이런 대립적 상황은 근대 초기에 형성되었으며, 논쟁을 통해 코페르니쿠스가 일으킨 세계상의 혁명의 핵심이 된다. 이것은 과학과 철학의 진리 개념의 운명에 중요한 결과를 낳았다. 이런 논쟁이 부상하기 위한 독자적인 전제조건은 기독교 신학이 진리 개념과 연결되면서 철학적인 세계 해석을 요구했다는 데 있다.

중세

사실상 유럽 중세 전성기 진리 개념의 역사는 특히 철학이 문제제기한 내용을 신학에서 수용한 역사이다. 아리스토텔레스의 글에 대한 집중적인 분석―13세기까지 아리스토텔레스의 저작은 유럽에서 거의 주목 받지 못했다―이 있기 전 11세기에 안셀무스가 쓴 『진리에 관하여』(1966)를 시작으로 진리에 대한 중요한 논문들이 나왔다. 안셀무스는 이 논문 제1장에서 진리에 대한 정의가 전승되고 있지 않다는 점을 매우 유감스럽게 생각했다. 그리고 토마스 아퀴나스도 고대와 중세의 제안들을 두루 살피며 이를 비판적으로 분석했다.

안셀무스의 논문에서 간과할 수 없는 것은 두 개의 서로 대립된 개념들을 조화시켜보려고 한 점인데, 그 한편에는 진리를 자율적 심급으로 특히 자기동일성으로 성격 규정하는 개념이 있다. 즉 최고 의미의 진리는 완전히 그리고 항상 그 자체이고 자기 자신과

동일한 것이다. 이 개념의 배경에는 진리를 *참된 있음*으로 본 플라
톤의 진리관이 있는데, 이것은 두말할 것도 없이 아우구스티누스
에게서 전수된 것이다. 하지만 다른 한편으로 진리 개념이 진술, 감
각적 지각, 의지형성, 법, 개별 사물 자체와의 연관성에서 생긴 다양
한 의미나 기능들도 고려해야 한다는 것이다. 안셀무스의 진술–진
리 이론은 그 명확성에서 인상적인데, 이 이론은 일치(동일성)라는 기
본 개념("진술은 언제 참인가? 그것이 긍정되건 부정되건 간에 진술이 전달한 것
이 존재할 경우에 그렇다." 안셀무스: 『진리에 관하여』 39) 속에 두 가지를 더 구분
하고 있다. 그것은 진리의 전달자로서 진술 그 자체와 진리의 원인
으로서 실체(res)다. 하지만 안셀무스 이론의 고유한 내용은 올바름
rectitudo이라는 개념으로, 이것은 목적 실현이라는 관점에서 다양
한 진리 개념을 신적 진리라는 공통 토대에 통합한다. 진리의 다양
한 관점이나 담지자들이(진술, 의견, 감각, 사물 자체 등) 각각 자신의 정
의를 실현할(진술이 사태와 일치하는) 경우, 안셀무스가 분명하게 말하
고 있는 것처럼 이것들은 최고의 진리를 향해 가기 위해 특수한 책
무를 다하는 것이며, 이런 목표규정성 때문에 이들 모두에 진리라
는 명칭을 부여할 수 있다.

   수 세기 후에 로버트 그로스테스트 역시 이처럼 특수한 (창조된)
진리와 *지고한 진리*의 합일에 관심을 가지고 활발하게 논의한다.
비록 방점이 더 이상 통일에 찍히지는 않았지만, "진리는 그것들이
창조될 때 드러난다. 다시 말해 진리는 그것들(창조된 진리들) 자신의
빛 속에 존재하는 것이 아니라 지고한 진리의 빛 속에 존재한다."(그
로스테스트 1912, 137 이하) 우리가 중세 이론을 살필 때 오늘날까지도 특히

토마스 아퀴나스의 저서에서 인용하고 있는, 진리를 일치(동일성)로 보는 공식은("정신과의 일치adaequatio rei ad intellectum". 토마스 아퀴나스: 『진리론』, 15) 그로스테스트의 「진리론」에서 처음 등장한다. 그로스테스트 역시 이를 위해 익명의 원전을 참조한다.(그로스테스트 1912, 134) 그는 분명히 안셀무스의 의견에 동의하는데, 그로스테스트와 아우구스티누스의 연관성은 본질적으로 안셀무스와의 연관성보다 더 명확하다. 그리고 개별 내용에서는 아리스토텔레스의 영향도 분명히 드러난다.(이것은 그가 미래와 연관된 진술 진리의 특별한 문제점들을 다룰 때이다. 그로스테스트는 아리스토텔레스의 과학 이론 논문인 『분석론 후서』에 대한 주석을 썼다.) 그 다음 토마스 아퀴나스의 저작에서도 우리는 아리스토텔레스 진리관의 중요한 점들이—예를 들어 진술의 복합성과 참/거짓 사이의 연관성(토마스 아퀴나스: 『진리론』, 23)—모두 신적 진리 개념이라는 테두리 안에 들어 있는 것을 알 수 있다.

　근대 초기 진리 문제의 전제조건들에 관해서는 물론, 이처럼 고대 언어논리적이고 형이상학적 접근법을 수용한 것 외에도 최소한 그만큼 중요한 두 가지 상황의 진전이 있었다. 그중 하나는 13세기부터 신학이 스스로를 아리스토텔레스의 의미에서 과학으로 자기해석하기 시작했다는 것이다.

　볼프하르트 판넨베르크가 강조했던 것처럼, 이런 현상은 신앙(믿음)의 관점에서 과학적 내용에 대해 어떤 입장을 취하는 것과는 다른 문제다. 이것은 특히 신학 내에서 진리에 대한 요구가 일어나면서 과학적 기준이 중요해지기 시작했음을 의미한다. "신학은 종교적 체험 외에 다른 많은 분야에 관여해야 한다. […] 전통적으로 신학은 신이 세계를 창조했다고 말한다. 이 문제에서 이제 신학은 자연과학적 세계관에도 관심을 가져야 하며, 그것도 자연과학자들 자체가 기독교도인가 아닌가 하는 관점에서뿐만 아니라 자연과학의 방법론과 지식을 창조신앙이 내포하고 있는 세계관과 조화시킨다는 관점에서 말이다." 이런 보편적 관점에서 두 번째 발전도 윤곽이 드러난다. 즉 신학이 아리스토텔레스 철학의 특수한 내용을 받아들이게 되었다는 것이다.

이것이 복잡한 과정이라는 것은 1270년대에 토마스 아퀴나스가 위대한 성과를 거둔 후에도 아리스토텔레스의 입장은 여전히 그릇된 교리로 거부되었고 이 교리를 대변하는 자는 파문의 위협을 받았다는 사실에서 드러난다. 토마스 아퀴나스 자신도 이 경우에 해당되었다. 물론 그는 창조론, 신의 전지전능성, 그리고 이와 결부된 우주 질서의 조정에 대해서 다른 입장을 보인다. 아리스토텔레스에게 그런 질서는 본질적으로 서로 다른 요소나 영역들의 내적인 구분 없이는 생각할 수 없으며―하지만 기독교의 창조관에서는 모든 내적인 차이는 신의 전지전능성에 비하면 상대화될 수 있는 것이다―신과 구분되는 모든 것은 피조물이라는 동질적 개념에 수용될 수 있어야 했다. 몇십 년 후 토마스 아퀴나스의 이론이 더 이상 배척당하지 않고 아리스토텔레스주의를 상대로 펼쳐진 전선이 이완되자, 특히 아리스토텔레스의 『형이상학』 제12권에 나오는, 다른 것을 움직이게 하면서 자신은 움직이지 않는 제1의 원동자라는 개념이 신의 존재증명의 사유모델을 제공했으며, 이런 식의 신의 존재증명이 기존의 신앙과는 구분되는 세계해석을 가능하게 했다는 점에서 아리스토텔레스의 이론은 한 차원 격상된다.

움직이거나 변화하는 모든 것에는 그것을 움직이게 만드는 것이 있으며, 따라서 움직여지거나 움직이는 모든 것에는 자기 자신은 움직이지 않으면서도 움직이게 만드는 것(모든 다른 것의 운동을 다스리는 것)이 있어야만 한다.(아리스토텔레스: 『형이상학』, XII,7 1072a18 이하) 역으로 이것은 근원적 창조자의 존재증명으로 이용될 수 있으며, 동시에 창조자의 힘에 의존하여 여러 심급을 위계구조로 정리할 수 있게 한다. 그리고 창조자는 이 위계구조 너머에서 인과관계의 사슬을 통해 운동을 계속 진행시킨다. 아리스토텔레스에 따르면 이 운동은 천구天球의 가장 말단 지역 밖에서부터 내부로 들어오면서 지구까지 이어진다. 이 사상은 우주의 구조에 대해 입증 가능한 진술을 함으로써 믿음을 피안의 신과 연결하고, 기독교가 세계를 정교하게 해석할 수 있도록 한다. 한스 블루멘베르크가 "세계존재의 은총 성격"(블루멘베르크 1965, 19)이라 부른 것은 실증적인 관점에서 이렇게 설명할 수 있게 되었으며, 무엇이든 할 수 있는 신이 자신이 만든 피조물에 대한 관심을 끊어버리면 어쩌나 하는 걱정은 더 이상 하지 않게 되었다. 자신을 지속적으로 쇄신하는 창조라는 개념은 무엇보다도 신이 세계 내에서 벌이는 은총 활동은 지속적으로 눈으로 확인할 수 있다는 사실로 인해 이런 무관심성이라는 위험을 완화한다. 13세기에 아리스토텔레스를 매도할 때나 이후 그의 이론에 대해 토론할 때 문제가 된 것은 과학적 진리가 신앙의 차원으로 들어갈 수 있을까 그리고 들어간다면 어떻게 들어갈까 하는 점이었다. 우리는 이것을 1270년 이중진리 금지령에서 가장 분명하게 알 수 있다. 이중진리 금지령은 메타금지령으로서 다른 모든 금지에 일정한 틀을 부여했다. "그들은 철학에 따르면 참이지만 가톨릭 신앙에 따르면 아니라고 말한다. 마치 이처럼 두 개의 모순된 진리가 존재하기라도 하는 것처럼, 성서의 진리에 반한 이교도의 진리가 존재하기라도 하는 것처럼 말이다."(그랍헤어 2005, 76 재인용) 바로 이런 차이는 신앙이 철학적 진리를 신의 존재증명의 형태로 받아들여 몇 십 년 후에 교회가 과학적 진리를 *갖게* 되는 순간부터, 그리고 철학적 이론에 대해 불신이라는 입장을 철회하고 관할권을 갖게 되면서 중요하지 않게 된다.

코페르니쿠스적 전환

이보다 150년 후에 벌어졌던 코페르니쿠스에 대한 논쟁에서 중요한 것은 이와는 좀 다른 것이었다. 즉 과학적 진리를 신앙에 통합하는 것이 아니라 이미 획득한 신앙의 진리와 이와 경쟁을 벌이고 있는 과학적 진리를 대결시키는 것이 문제였다. 『천구의 회전에 관하여』(1543)라는 글에서 코페르니쿠스는 우주의 중심은 지구가 아니라 태양이라고 주장했다. 이 주장은 천문학의 맥락에서 나오긴 했지만 우주 질서에 참된 모습을 부여해야 한다는 요구를 담고 있는 것만은 분명했다. 그의 지동설은 이와는 다른 천동설과 명백하게 긴장관계에 있었다. 천동설의 장점은 신의 창조력이 계속 영향을 미친다고 생각한다는 점에 있었다. 하지만 이 책이 나올 시점에는 이 두 가지 우주관의 불일치로 천동설을 지지하는 교회가 확고부동하게 세운 진리가 위험에 처하게 될지는 불확실했다. 이것은 코페르니쿠스가 그리고 있는 우주의 모습이 무엇인지, 다시 말해 코페르니쿠스의 주장에서 *참*이라는 말이 어떤 의미를 지니고 있는지에 전적으로 달려 있었다.

실제로 이런 질문이 갑작스럽게 제기된 것은 아닌 것 같다. 수십 년 동안 계속해서 태양 중심의 우주관이 지구 중심의 우주관과 나란히 받아들여졌으며,(블루멘베르크 1965, 45; 슈마이저 2002, 83) 코페르니쿠스 역시 최초로 프톨레마이오스 체계의 대안을 검토했을 뿐 아니라 이를 완성했다는 평가를 받기까지 했다. 이런 관점에서 보면, 코페르니쿠스의 업적은 천문학을 개선한 데 있다. 그 이후 논쟁이 첨예화되었을 때의 관점에서 이 수용 단계를 살펴보면 다음과 같이 말할 수 있다. 코페르니쿠스의 우주관이 수용될 수 있었던 것은 코페르니쿠스의 주장에서 *참*이라는 말이 너무 가볍게 해석되어, 순수하게 천문학적인 참 혹은 계산상의 참이나 단순히 유망한 모델 정도로 그 의미가 희석되었기 때문이었다. 이처럼 단순한 해석은 당시 더 진지한 진리라고 여기며 추구했던 것과 대비할 때만 의미를 얻는다. 여기서 우리는 두 가지 점을 구분해야 한다. 하나는 코페르니쿠스 우주관에 대한 일반적인 해석이 그가 원래(『천구의 회전에 관하여』라는 책을 출판하던 해에 그는 사망했다.) 생각했던 의도와 대조된다는 것이다.(예전의 성공은 아마 그의 요구를 오해한 때문 아니었을까?) 다른 하나는 어떤 객관적 조건들이 신학적으로 논란의 소지가 있었던 강력한 진리 요구를 가능하게 만들었는가라는 질문이다. 이 요구는 코페르니쿠스의 의도와는 상관없이 늘 잠복해 있었거나 16세기 후반부에 비로소 생각할 수 있었다. 이 두 가지 점에서 한스 블루멘베르크는 코페르니쿠스적 전환을 늘 깊이 생각했고 자신의 기념비적 저작에서 진리의 역사에서 극적인 에피소드라고 설명했다.

진리 요구를 극단화했다는 관점에서 블루멘베르크는 이를 위해서는 하나의 개별적인 발의로는 부족했을 것이며, 그래서 스콜라철학 자체에 잠재되어 있던 분쟁들이 그 시발점이 되었을 것이라고 생각한다. 신적인 원인이 여러 현상들의 연결고리를 통해 계속 영향을 미친다는 창조의 인과성이라는 생각은 성사聖事와 연관하여 불확실하게 되었다. 성사는 신만이 누리는 재능이며, 이 성사를 통해 인간은 신의 은총을 받게 된다. 물론 성사를 구체적으로 드릴 때 이 영향력이 실제로 신에게서 나오는 것인가 아니면 보관된 것인지가 문제다. 프란체스코파인 마르키아의 프란치스는 14세기 초(1320년경)에 신이 은총을 내리는 것은 투척운동에, 그리고 투척자가 대상에 보관한 운동력에 성사를 비유함으로써 문제를 해결하려고 시도했다. 투척자는 이 자극으로 말미암아 계속 날아가는 총알로부터 멀리 떨어져 있게 된다. 부활한 신의 아들이 구원의 작업을 인간에게 넘긴 것처럼 말이다. 블루멘베르크의 해석에 따르면 프란치스는 자신의 성사 해석을 납득시키기 위해 이 비유를 이용하며, 이렇게 하여 특히 자극 개념을 통해 투척을 분석하는 방법을 발전시켰다.(이 이론을 근본적인 문제에 유용하게 적용할 수 있다면, 우리는 이 이론에 찬성하게 될 것이다.) 신학과 물리학을 우위에 두는 것은 역사적으로 의심스러운 것이 되었을지 모르겠지만, 신학적 사유와 물리학적 사유를 이렇게 공개적으로 접촉하게 만드는 것은 충분히 중요하다. 왜냐하면 이것은 실제로 운동인과성에 대한 아리스토텔레스의 기본입장에 반대하는 것이기 때문이다. 아리스토텔레스에게는 운동을 하도록 자극을 유발하는 것은 늘 움직여지는 것과 접촉할 것을 요구한다. 그러므로 외부에서 조정된 (비자연적인) 운동에 대한 그의 사례는 밀거나 당기는 것이다.(버터필드 1957, 15 이하)

이런 가정 하에서는 투척이 당연히 문제가 된다. 이 투척은 처음의 (근원적) 자극이 총알을 둘러싸고 있는 공기도 함께 움직이게 만들고, 그 다음 이 공기가 날아가면서 다른 자극을 유포한다고 설명하고 있다.(버터필드 1957, 18) 이 가설의 무리한 인위성에 반대해 아리스토텔레스는 *접촉을 통한 인과성*이라는 자신의 개념을 끈질기게 고수하려 했을 것이다. 함께 주어지는 자극이라는 이론은 아마 이 자극의 특수한 대상성을 확정할 수 없기 때문에라도 아리스토텔레스에게 받아들여질 수 없었을 것이다. 이것은 완전한 사물도 아니고 개별 사물에 속할 수도 없었다. 아리스토텔레스의 물리학은 이런 종류의 이론적 대상들을 예견하지 못했다.

프란치스는 운동력은 (운동의) 유발자에 의해 풀려나가 다른 데로 넘어간다는 설명모델(가설)이 천체의 역학에도 적용될 수 있을까를 신중하게 연구했다. 이 모델은 그 후 14세기 중엽에 장 뷔리당에 의해서 분명하게 지각되었다. (극복할 저항이 없는) 천체를 무한하게 운동하도록 만들기 위해서는 아마 한 번의 유한한 자극으로도 충분할 것이라는 생각과 함께 그때 이미 역학의 시계장치가 우주의 표상으로 예고된다.(블루멘베르크 1965, 34)

이와 같은 접근법들은 모두 단순한 사유실험이나 아니면 (탄도학처럼) 특수한 문제제기에 국한되어 있다고 여겼기에 지엽적인 의미만 가졌다. 하지만 이것들은 교회가 진리라고 여겼던 내용과 관련하여 아리스토텔레스 물리학과 분쟁의 소지를 내포하고 있었다. 우주론적 세계상의 차원에서 이런 이탈을 지연시킨 것은 무엇보다도 천문학과 물리학을 분리시킨 아리스토텔레스 철학의 기본 가정이었다. 아리스토텔레스에 따르면 하나의 학문은 각각 자신만의 원칙에 의해 규정되기 때문에 어떤 학문을 다른 학문으로 증명하는 것은 앞의 학문의 독립성을 포기하게 만들지 모른다. 이와 같이 단호한 학문다원주의는 결과적으로 수학적 물리학을 방해했다. 기하학은 물리학과는 다른 대상들을 다룬다. 기하학의 연구대상은 추상적이고 변화의 지배를 받지 않으며 상호 인과관계 속에 있지도 않다. 이런 의미에서 기하학적 원칙이나 사태에서는 증명은 있지만 원인은 없다. 그러므로 수학적 진리는 자연의 사물을 다루는 것과는 무관할 수 있다. 하지만 기하학은 천문학에 적용된다. 별들은 자연의 사물이 아니고, 기본물질로 구성(조립)된 것도 아니며 일시적인 것도 아니다. 별들은 움직인다. 하지만 별들의 운동은 변함없이 항구적이고 이 운동과의 관계를 떠나서는 별들은 아무것도 아니다. 별들에게는 운동에 예속될 법한 실체도 없다. 별들은 운동의 가시성 속에서 나타난다. "[…] 하지만 하늘(천상계)은 가시적 변화 외에 아무것도 아니다. 이 변화를 무시한다면 몇 개의 밝게 빛나는 점들만 남을 것이다. 별들은 자신의 순수한 가시성으로, 다시 말해 별들이 (눈으로 볼 수 있게) 나타난다는 사실로 환원된다."

(슈마이저 2002. 81) 과학으로서 천문학은 달력 계산에 매우 유용하게 쓰이는 기하학의 한 분야다. 이 분야는 결코 참된 원인에 근거해서 설명하지 않는다. (이 분야에서) 상호 경쟁하고 있는 이론들 사이의 중요한 차이점은 다소간 효율적인(정확하고 명확하며 신뢰할 수 있는) 설명의 차원에 있다. 그래서 스콜라적 지식에서 천문학은 존재론적으로 구속력이 없는 것으로 간주되었다.

『천구의 회전에 관하여』의 출판 책임을 맡았던 안드레아스 오시안더는 이런 배경에서 독단적으로 그리고 그것을 지지하지도 않은 채 이 책에 서문을 추가한다. 서문에서 오시안더는 (코페르니쿠스의 의도와는 달리) 이 책의 저자에게 중요한 것은 그가 세운 가설의 진리가 아니라 행성들의 운동과 관련된 계산을 하기 위한 새로운 토대를 내놓는 것, 즉 천문학에 확고한 기하학적 기초를 세우는 것이라고 밝혔다. 오시안더는 이런 시각을 이 책의 제목에도 관철시켰다. 증명된 바에 따르면(블루멘베르크 1965. 94) 코페르니쿠스는 (세계체계를 다루는) '지구(세계) 회전에 관하여'라는 제목을 선호했다. 하지만 최종적으로 바뀌어 결정된 제목인 '천구의 회전에 관하여'는 처음부터 이 책의 모든 내용을 천체라는 특수한 분야로 제한했다.

이 혁신적 책이 기존에 확립된 전통의 틀 안에서 제공될 수 있었던 이유는 바로 여기에 있다. 이로 인해 첫 번째 수용단계에서 이 책이 거부감 없이 받아들여졌고, 검열을 통한 간섭의 가능성은 사전에 차단되었다. 물론 과학사에서 새로운 과학정신을 신봉하는 조르다노 브루노와 케플러, 리히텐베르크를 비롯한 여러 사람들에 의해 오시안더는 배반자로 온갖 경멸과 조롱 그리고 멸시를 받는

다.(블루멘베르크 1965, 43 이하) 그는 과학의 진리를, 다시 말해 과학적 세계
상의 진리를 완전히 배신하고 신학에 빌붙었다.

하지만 코페르니쿠스의 출발 상황에서 천문학적 주장에 대해 진
리를 요구한다는 것이 과연 어떤 의미가 있을까? 혹은 달리 말해
서 아리스타르코스 이래 과학사에서 수없이 많이 등장한 태양 중
심 가설과는 반대로 이 주장이 갖는 특별한 무게감은 어디에 있을
까? 털어놓을 수 없는 예언에 기초하여 코페르니쿠스가 *진리*라는
말을 사용했다고 해석해도 될까? 그래서 17세기에 부활한 새로운
자연과학이 그를 위대한 선구자로 간주한 것일까? 이 마지막 질문
은 단지 수사적인 것만이 아니다. 이 질문에서는 객관적인 관점과
이 저자의 의도를 바라보는 관점이 중요하다. 왜냐하면 이런 출발
질문에 대해서는 하나의 분명한 대답이 있기 때문이다. 코페르니쿠
스의 주장과 같은 하나의 천문학적 주장에 진리를 요구하는 것은
이 주장에 물리학적 진술이라는 지위를 요구하는 것을 의미할 수
있다. 천문학의 이런 자기이해는 코페르니쿠스조차도 생각하지 못
했던 것이다. 코페르니쿠스에게는 자기주장을 정당화해 줄지도 모
를 물리학이라는 개념이 없었다.

하지만 수십 년 후 갈릴레이는 지구에 적용되는 법칙과 동일하
게 별들에도 적용될 법칙을 가진 자연과학의 토대를 세운다. 그는
아이작 뉴턴과 마찬가지로 이 물리학이 참된 원인을 인식한다고
주장했다. 이 주장은 점점 논쟁을 유발하다가, 몰래 쓴 머리말이
코페르니쿠스에게서 앗아갔던 그 진리가 마침내 승리를 거두게 된
다. 저항 이론과 오랫동안 논쟁을 벌인 끝에 인과성에 대한 이해가

바뀌면서 갈릴레이의 물리학은 점차 구체적인 형태를 갖추게 되었기 때문에—이에 대한 단초들은 이미 코페르니쿠스 이론의 배경 속에 있었다—어떤 관점에서 보면 코페르니쿠스의 진리 요구는 과학혁명을 선취하고 있으며, 이런 이유로 코페르니쿠스는 과학혁명의 토대를 놓은 사람이라 부를 수 있을 것이다. 하지만 코페르니쿠스에 대한 피상적 해석에서 공격적인 해석으로 넘어가는 과정에 대한 이런 설명이, 이 과정이 현대 진리사에 얼마나 깊이 영향을 미치고 있는지 완전히 설명하지는 못한다. 이를 위해서는 과정의 이면을 살펴보아야 한다.

특히 실체 자체 내에는 참된 원인의 토대가 없기에 갈릴레이가 참된 원인을 강조하는 것은 논쟁적이고 수사적인 사건이다. 참된 원인이라는 개념은 물리학을 (움직이는) 사물의 본성을 연구하는 학문이라고 이해한 아리스토텔레스에게 특별한 의미를 갖는다. 물리학에서 참된 원인을 파악하라고 요구하는 사람은 아리스토텔레스주의에 입각한 것이다. 물론 그가 특정한 진리 현상들에 대해 다른 원인이 책임이라고 인식하는 한 그는 모순을 야기할 수 있다. 하지만 이것은 갈릴레이 물리학에서는 중요한 점이 아니다. 갈릴레이의 물리학은 수학적 이론이었기에 또 그런 한에서 그의 물리학은 공동의 토대를 떠났다. 그의 물리학은 여러 현상들이 자연의 변화에 예속되어 있지 않고 단지 초월적이기만 하기 때문에 아리스토텔레스가 다른 과학이라고 보았던 어떤 과학의 언어로 자연현상을 분석했다. 더 이상 최고의 유(類) 개념이 아니라 보편타당한 수학적 관계들과 법칙들(카시러 1971, I, 417)이 갈릴레이 물리학의 토대이다. 우주는 수학의 언어로 쓴 책이다. "우리 눈길에 항상 열려 있는 우주라는 거대한 책에는 철학이 적혀 있다. 하지만 이 책은 사전에 그 언어를 익히고 그 철자와 친숙해지지 않는다면 이해될 수 없다. 이 책은 수학의 언어로 쓰였고, 이 언어의 철자는 원이고 삼각형이며 다른 기하학적 도형이다. 이 철자를 모른다면 그 누구도 이 책을 한 자도 이해하지 못할 것이며 어두운 미로에서 헤매게 될 것이다."(갈릴레이 1655, 19)

하지만 이런 주장은 실험에 대한 새로운 이해와 관련해서만 이해될 수 있다. 그렇지 않다면 천체의 기하학을 충분히 잘 이해하고 주의 깊게 읽었던 학자들이 자기 주변이나 지구로 시선을 돌려보면 알 수 있을 동일한 언어의 동일한 기호에 대해 수천 년 동안 몰랐다는 사실을 어떻게 설명해야 할까? 이 수학적 언어lingua matematica는 무엇보다도 자연에 정통해야 한다. 그리고 이것은 실제적인 간섭을 요구한다. 문제는 자연의 대상들을 (자연의 대상들과 다른 대상들의 상호작용을 시간/공간의 크기로 읽어낼 수 있는) 도구를 이용해 측정하는 것이다. 자연법칙들은 이런 실험을 통해 철자로 드러나는 법칙(기능들)이지 사물들 자체 내에 들어 있는 힘들의 작동방식이 아니다.

여기서 진리는 무엇을 의미할 것인가? 새로운 물리학은 참된 원인을 요구하는 파토스를 없애버렸다는 의미에서 반反아리스토텔레스적이다. 블루멘베르크에 따르면 "진리를 요구하는 것으로 정의될 수 없다는 것이 바로 근대 지적 호기심의 특징이다. 만약 그렇지 않다면 근대에 일어난 진리 문제의 변화는 호기심을 자극하지도 못했을 것이고 이를 인정하지도 않았을 것이다. 왜냐하면 전통적인 진리 개념의 전제조건 아래에 있는 이론가는 사실이 실제로 그리고 그 자체로 어떤 상태로 있는지를 알아내라고 요구하는 반면, 근대 인식 비판의 조건 아래에 있는 이론가는 하나의 가설을 자신이 경험을 통해 획득한 자료와 일치시키고 사실 혹은 그 사실의 현상적 등가물을 만들고 설명하는 절차만을 보고하는 것으로 만족하기 때문이다."(블루멘베르크 1966, 206 이하) 이런 절차가 현대의 실험이다.

칸트보다 이런 연관관계를 더 잘 이해한 사람은 없었다. 『순수이성비판』 제2판 서문에서 칸트는 다음과 같은 유명한 문장을 쓴다. "갈릴레이가 경사면에서 자신이 직접 선택한 강도로 공을 굴렸을 때 […] 모든 자연연구가들에게 광명이 열렸다. 그들은 이성이 […] 자신의 판단원칙을 통해 불변의 법칙에 따라 진보해야 하며 자신의 물음에 자연이 답하도록 만들어야 한다는 것을 알았다. […]"(칸트: 『순수이성비판』, B xii 이하) 칸트는 여러 사례들을 정확하게 잘 연결해 설명했다. 왜냐하면 칸트는 자기 진술의 본질적인 내용(물리학의 구성적-기획적 특성)을 갈릴레이를 염두에 두고 규정하기 때문이다. 그리고 이 사례를 형이상학으로 전이해야 할 경우에는 (수사학적 차원에서) 코페르니쿠스를 끌어들인다. 이것은 적절한 태도다. 왜냐하면 *코페르니쿠스적 전환*은 실제로 갈릴레이가 처음으로 물리학을 "과학의 원정길"(위의 책)로 보냈을 때 보여준 태도를 칭할 수 있기 때문이다.

그 이유는 코페르니쿠스의 진리 요구를 (150년 후에야 이행된) 단순하게 하나의 변동으로만 볼 수 없기 때문이다. 실제로 그의 인식목표는 현대 과학의 형성과정과 연관된다. 블루멘베르크의 가장 재미있는 분석은 이 주관적인 측면을 설명한 것이다. 우리는 코페르니쿠스의 이론은 결코 우주의 중심을 태양으로 옮기는 것만 아니라 지구가 운동한다는 사실을 통해 지구를 별들의 세계로 받아들임으로써 천문학의 맥락에서 아리스토텔레스주의의 본질적인 문턱을 없애는 것이라는 사실을 알아야 한다. 코페르니쿠스의 추종자인 게오르크 요아힘 레티쿠스(『천구의 회전에 관하여』의 출판에 중요한 역할을 함)는 자신이 직접 쓴 이 책의 해설서(『천체궤도의 원운동에 관한 코페르니쿠스의 여섯 권의 책에 대한 첫 번째 보고서』)에서(레티쿠스 1943) 지구원운동 가설이 우주의 체계에서 일어나고 있는 모든 운동을 계산하는 데 떠맡고 있는 핵심적 역할을 강조했다. 이것은 최소한 지구 중심적 우주관에 필적할 정도로 이 가설에 탁월하고 특별한 지위를 부여해준다. 이 점은 코페르니쿠스가 자신의 최고의 논증목표를 위해 직접 찾아낸 구체적인 말들을 해석하는 데 시사하는 바가 크다. 그는 세계기계라는 생각을, 즉 창조주가 인간을 위해 세계기계를 만들었고 그래서 그 참된 가능성에서 이 기계에 대한 이해가 가능할 것이라는 상황을 적절하게 잘 설명하고자 했다. "기타 회전운동에 관한 것이라면 아무리 작은 것까지라도 세심하게 연구했던 철학자들이 가장 위대하고 가장 정확한 법칙에 따라 작업하는 신이 우리를 위해 만들었던 세계기계의 운동에 관해서는 어떤 확실한 근거를 가지고 있지 않다는 것이 내게는 혐오스럽기 시작했다."(코페르니쿠스 1959, 11)

우리는 태양 중심의 가설이 우주관계를 적절하게 복원하는 데

있어서 지구의 의미를 높게 평가했다는 사실을 알고 있다.〔슈마이저
는 코페르니쿠스가 직접 쓴 서문에서 우주체계의 중심에 있는 태양에 관해서는 전혀
언급하지 않았다는 사실을 지적하고 있다.(슈마이저 2002, 102) 뉴턴은 우주의 중심에
관한 질문을 결코 과학적 질문 이상의 것으로 인정하지 않았다.〕 코페르니쿠스
는 *우주의 중심이 무엇인지 묻는 이 문제*가 시각적 차원에 고착되
는 것을 극복하고 "이론적으로 인간이 특별한 지위"를 차지할 기
회라고 새롭게 정의한다.(블루멘베르크 1965, 50) 여기서 진리 요구는 더 이
상 사물의 본질과의 일치나 사물들 내에서 활동하는 원인의 인식
에 맞추어져 있는 것이 아니라 신이 인간에게 주었던 인식 기회를
철저하게 이용하는 것에 맞추어져 있다.

　이런 입장은 오시안더와는 다른 차원에서 이 책을 정당화한다.
물론 이 두 입장은 라이프니츠에서 상대성 이론까지 시간이 흐르
면서 공식적으로 과학사에서 진리가 되었던 상대주의적 추론과 유
사하다. 오시안더는 참된 원인이 무엇인지 규정하는 것을 포기했
지만, 코페르니쿠스는 우주의 중심을 묻는 질문을 (인간을 위한) 창
조의 합목적성에 편입시킨다. 후자의 관점은 14세기 후반에 있었던
인문주의 운동과 연관시켜 볼 수 있는데, 이 운동은 스콜라학파
의 아리스토텔레스주의의 진리관을 극복하고 다른 방향으로, 즉
역사, 살아 있는 언어, 정치공동체 쪽으로 넘어가고자 했다. 이것이
더 풍성하고 역동적인 관점인가는 수학의 분야로 간주된 천문학
을 (수학적 물리학을 발전시킬 인식태도를 예감하게 만들) 물리학과 구분하
느냐에 달려 있다.

데카르트와 칸트

코페르니쿠스주의를 놓고 벌인 논쟁에서 물리학은 중세 신학에 의해 탈취되었다가 새로운 과학으로 변신했다. 역설적이게도 물리학은 이 논쟁의 수행—진리를 요구하는 것—을 포기함으로써 자기 지위를 굳건하게 만들었다. "사물의 본질과 본성에 대해 질문하는 것을 포기하는 것이 왜 지식욕구가 이전보다 제한되었는지에 대한 대답을 얻을 수 있는 유일한 수단임이 드러났다."(블루멘베르크 1975, 359) 이 논쟁의 절정부에서 갈릴레이가 참된 원인을 강조하면서 슬쩍 넘어갔던 문제를 데카르트는 공개적으로 언급했다. "세계체계에 대한 문제에서 현상들의 타고난 원인을 연구하는 데 가장 적합한 가설도 진리에 완전히 부합한다고 주장할 수 없다."(데카르트 1965, 69) 이런 입장을 그는 인식의 방법론적 확장은 사물의 내적 본질에 대한 언급을 그만둔다는 전제 하에서만 가능하다는 원칙으로 일반화한다.(마리옹 1981) 데카르트에게 중요한 것은 과학의 진보가 구체적인 체험과 기술적으로 연결되는 수학적 모델을 고안함으로써 인간이 여러 문제를 해결할 수 있는 능력을 갖게 만드느냐 하는 문제였다.

과학은 이제 (비록 다양하게 변형되긴 했지만) 플라톤 이래 견지했던 진리와의 연관성에서 해방된다. 과학의 자기성찰을 위해서는 이제 방법론, 안정성, 확실성, 혁신성과 같은 다른 개념들이 중요해진다. 많은 변화가 바로 코페르니쿠스적 전환의 과정에서 직접적으로 일어난다. 수학적 자연과학에서 물리학과 천문학 사이에 깊게 파여 있었던 도랑을 극복한 것은 아마 데카르트의 통일과학 구상에 아주 중요한 신호가 되었을 것이다. 과학을 (근거를 찾는 것이 아니라) 지식의 통합과 체계화로 이해하라는 자극은 데카르트에게서 나온 것이고, 간접적이긴 하지만 주어진 진술을 과학의 사실적이며 제도적인 관계 속으로 편입시키라고 말하는 *과학적 진리*에 관한 발언은 여기에 근거한다. 오랜 시간이 흐르면서 이런 새로운 상황에서 전통적 진리관과 관계를 통한 진리와의 연관성을 보편적으로 성찰해보는 이론들도 나오게 되었다. 이 이론들은 특히 19세기 철학에 새로운 자극을 주었다. 특히 칸트에게서 이런 발전상황을 알 수 있는데, 모든 거짓은 배척되어야 한다(칸트: 「도덕의 형이상학」, 85)는 그의 확신을 도외시하더라도 그에게 진리는 중요한 테마(그의 철학적 발전에 중요한 테마는 표상을 표상과는 다른 대상과 연관 지우는 것이다)가 아니다. 그는 진리를 동일성이라고 설명하는 것도 통속적이라고 간주했고, 내용을 정의하기 위한 모든 진지한 노력을 농담으로 여겼다. 이것은 "어떤 사람이 소의 젖을 짜는데 다른 사람이 그 밑에서 체를 받치고 있는"(칸트: 「순수이성비판」, A 58) 웃기는 광경이다. 하지만 그가 이 절망적인 양자택일의 상황을 "초월적 진리"라는 개념으로 빠져나가려 안간힘을 쓰는 곳에서 체계로 편입하려는 동기가 분명하게 부각된다. "우리의 모든 인식은 가능한 모든 체험 전체에 존재하고 초월적 진리는 이와 맺는 보편적 관계 속에 존재한다."(칸트: 「순수이성비판」, A 146) 전체적으로 보면 아마 칸트는 한스 블루멘베르크의 이런 진단에 이의를 제기하지 못할 것이다. "세계 전체의 진리(세계의 형식과 모양)를 다루는 것은 지식사에서 단지 짧은 에피소드일 뿐이다."

(블루멘베르크 1975, 367)

제4장

진리의 이론: 프레게, 타르스키

이 장에서는 20세기 분석 전통의 진리 이론에 영향을 미친 중요한 자극들에 대해 설명할 것이다. 역사에 중점을 두되 현대 논리학의 창시자인 고트로프 프레게의 기본 사상에서 시작할 것이다. 1930년 이래 이 논의에 큰 영향을 미치고 있는 알프레드 타르스키의 특색 있는 사상들은 제2차 세계대전 이후에도 여전히 새로운 시도들을 모색하고 있는 광범위한 발전계보 속에 있다. 이것은 특히 진리와 의미의 관계에 연관된다. 루돌프 카르납은 후기 저작으로 현대 논리의미론의 토대를 이루었는데 그는 진리와 의미의 관계가 역사적으로 변화되어 왔음을 정확하게 알고 있었으며, 이 때문에 프레게에 대한 카르납의 회고적 해석을 짧게나마 다루어볼 것이다.

진리 개념에 대한 타르스키의 정의와 진리란 정의할 수 없는 논리의 기본 개념이라는 프레게의 생각 사이에는 당연히 긴장이 있다. 이것들을 각각의 전제조건들로 소급해 보면 특히 과학 이론으로서 의미론의 토대를 놓는 문제에서 진리 개념이 이래저래 결정적인 역할을 해야 한다고 확신한다는 점에서는 둘 사이에 분명히 유사성이 있음을 알 수 있다. 이런 견해는 형식주의적 공리의 대척점과 관련해서만 흥미로운 것은 아니다. 이것은 특히 플라톤이 진리 개념을 토대로 밑그림을 그린 인식론적이고 존재론적인 관점이 완전히 사라지는 곳에서도 진리 개념이 이론적 논증에 관한 철학적 이해에 방향성을 부여한다는 것을 확인해준다.

프레게

20세기에 와서 진리는 이론철학의 중심 테마가 되었다. 형이상학과 논리학, 인식론이 서로 만나고 있는 이 분야만큼 대안적 접근법을 탐색하고 섬세한 논증을 완성하며 수학적 표준에 따라 이론을 형식적으로 구축하는 데 힘을 쓴 곳은 없었다. 하지만 이런 관심은 근대 초기에 있었던 여러 논쟁들과 연결되는 것이 아니라 처음에는 다른 동기들에서, 즉 논리학의 급진적 개혁에서 나왔다. 그리고 그 다음에야 비로소 진리 문제를 다루는 새로운 관점들이 과학 이론과 인식론에서 대두되었다.

이런 자극은 19세기 후반 고트로프 프레게(1848~1925)에게서 나왔다. 1879년에 나온 「개념표기법」은 최초로 명제 계산과 양화논리학(1단계와 2단계의 술어 계산)을 연결시켜 설명한 책이다. 1890년대부터 그의 연구에서는 진리를 논리학의 기본 개념으로 보는 경향이 점점 더 뚜렷해졌다. 「사상」(1918)이라는 제목의 그의 후기 논문은 이렇게 시작한다. "미학에서 '미'라는 단어와 윤리학에서 '선'이라는 단어와 마찬가지로 논리학에서 '진리'라는 단어는 방향을 제시한다."(프레게: 「사상」, 30) 논리학은 "참의 상태에 대한 법칙"을 발견한다. 프레게에 따르면 진리는 참을 발견한다는 기본적인 역할을 통해 정의될 수 없으며, 특히 동일性의 개념을 통해서는 정의될 수 없다. 하지만 이 말이 프레게가 진리에 대해 정곡을 찌르는 (일부 일반적인 견해와 다른 부분이 있지만) 견해를 갖지는 않았으리라는 걸 의미하지는 않는다. 이 말은 단지 이런 견해의 본질적인 내용은 다층적인 문제제기

(특히 언어적 표현의 뜻이나 지시체 그리고 일반 상징 이론이나 기호 이론)와 연관해서 파악되어야 한다는 것만 의미할 뿐이다. 이런 연관성이 1930년대 이래 *진리 개념*을 정의하는 데 집중한 여러 이론에서 프레게의 중요성을 뚜렷이 부각시킨다.

라이프니츠를 의식하면서 프레게는 논리학과 언어 비판 사이에는 긴밀한 연관관계가 있음을 깨달았다. 만약 기호를 형식언어로 규범화하지 않으면 일상언어의 불완전함 때문에 증명과정에서 논리적인 의존성을 알기 어려워진다. 그래서 그는 「개념표기법」의 서두에서 자신이 사용하게 될 두 가지 종류의 기호를 구분한다. 한쪽이 변항이라고 한다면 다른 한쪽은 고정된(고유한) 의미를 가지고 있는 모든 기호들이다. 기호와 (기호의 개념이 궁극적으로 의존하고 있는) 지시 대상의 차이를 투명하게 밝히는 것은 이런 형식언어에 주문되는 가장 중요하고 일반적인 요구다. 프레게는 늘 상징과 이에 의해 명명되는 내용의 혼동을 날카롭게 비판했다. 이것은 "요즘 수학 분야의 글에서, 심지어 저명한 저자조차도 자주 저지르게 되는 실수"(프레게: 「함수와 개념」, 19)이다.

그래서 프레게가 내용의 동일성 관계를 통해 비로소 이름이 기호체계에서의 이름으로서 테마화된다고 강조한 「개념표기법」 제8절이 특별히 중요해진다. 보통 기호들은 오로지 내용의 대변자일 뿐이고 내용과 표현의 관계만 형성시켜주는 데 반해(그래서 기호를 통해 지시 대상을 알게 됨), 두 기호의 내용을 동일시할 경우 이 기호들 자체를 각각의 특수성 속에서 인지하는 것이 중요하다.(프레게: 「개념표기법」, 13 이하) 서로 다른 기호들이 동일한 내용을 지칭할 수 있다는 점에

서 바로 내용의 동일성을 논리적 관계로 받아들여야 할 필요성이
생긴다. 후에 프레게는 「함수와 개념」이라는 논문에서 나음과 같이
말한다.(프레게: 「함수와 개념」. 19) "명칭의 상이성만으로는 지시 대상의 상
이성을 설명하기에는 부족하다."(물론 객관적으로 대상의 상이한 '규정방식'
에 해당하는, 동일한 지시 대상에 대한 기호의 상이성만이 관심 대상이다.) 『산수
의 기본법칙』의 서문에 나와 있는 내용이 말해주는 것처럼, 프레게
도 언어기호 자체의 명명의 문제를 다루고 있다는 상황의 특수성
을 의식한다. 프레게는 인용부호를 이용해 기호에 대해 말하고 있
는 경우들과 기호가 나타내고 있는 것을 말하기 위해 기호를 사용
하는 경우들을 시종일관 구분한다.

하지만 아무리 신중히 살펴봐도 일반 상징 이론의 관점은 그에
게 낯설었던 것으로 보인다. 프레게는 기호와 지시 대상의 관계를
(관계들이 변함에도) 지속적인 관계로 다루며, 언어표현이 자신과 구분
되는 내용과 맺고 있는 모든 관계를 이처럼 명명관계의 경우로 보
고자 하는 유혹에 점점 더 빠져들어갔다. 바로 여기에 그의 논리 이
론의 기본 입장들에 호기심을 가질만한 내용이 있다.

아리스토텔레스(그 전에는 『소피스트』의 플라톤)처럼 프레게도 합성
성이 명제의 본질을 규정한다고 생각했다. 논리학을 새롭게 정립
한 그의 첫 발걸음은 하지만 이런 종류의 합성에 관한 모든 전통
적 가정들을 무효화하는 데 있었다. 특히 그는 아리스토텔레스의
삼단논법의 절대적인 전제조건인 주어와 술어의 구분을 무효화한
다. 대신 프레게는 임의의 내용 개념으로부터 출발해 이 내용의 표
현에서 시작할 수 있는 모든 분해가능성을 고려했다. 분해 결과로

나온 부분들 가운데 하나가 불변하는 것으로 남아 있는 반면, 다른 부분은 다른 표현들로 대체될 수 있는 것으로 생각되었다. 이 대체표현은 그 다음 불변하는 부분과 결합하여 다시 원래의 것과 동일한 유형의 전체표현을 나타낸다. 예를 들면 "루트비히는 담배를 피운다"나 "알프레드는 담배를 피운다"와 같은 문장을 생각해 볼 수 있다. 여기서 "~는 담배를 피운다"는 고정된 부분으로 간주되고, "루트비히"는 "알프레드"(혹은 다른 이름으로)로 대체된다. 하지만 "2+2"나 "5+5"와 같은 예도 있는데, 여기서 "~+~"는 고정된 부분으로 남아 있고, "2"는 "5"로 대체된다. 이런 분해에서 고정된 부분—이것은 여러 상이한 대체 결과물들의 공통적인 것—을 프레게는 *함수*라고 부르고 변화하는 부분을 *논항*이라 부른다. 함수 표현에서 본질적으로 중요한 것은 일반성인데, 우리는 이것을 함수 표현으로 뭔가를 지칭할 때 이 함수 표현이 보충을 필요로 한다고 해석할 수 있다. 함수 표현은 고립된 상태에서도 늘 동일한 것을 지칭하는 (교체가능하다고 여겨지는) 논항기호와는 달리 (대상을) 독자적으로 아무것도 지칭하지 않는다.

함수와 논항의 구분이 주어와 술어의 구분을 대체하는데 이것은 단지 추상의 수준을 한 단계 더 높이기 위해서다. 왜냐하면 배수倍數의 예가 보여주는 것처럼 완전하게 복잡한 표현은 반드시 하나의 문장이 될 필요가 없기 때문이다. 오히려 임의의 내용에서 좁은 의미에서의 '판단 가능한' 내용으로 넘어가는 것이 논리학의 토대를 놓기 위한 특별한 과제이다. 「개념표기법」에서 프레게는 두 종류의 내용을 당연한 것이긴 하지만 판단할 수 없는 것으로 규정하며 분리시켰다. 그것은 바로 "집"(프레게: 「개념표기법」, 2)이라는 표현처럼 분해될 수 없는 내용과 분해에서 고정된 부분을 분명하게 특정할 수 없는 경우(프레게: 「개념표기법」, 64)들이다. 프레게는 자신의 구성적 성찰을 수학적 함수(위에서 든 배수의 예)와 "루돌프는 담배를 피운다"와 같은 주장문의 관계에 집중했다.

이미 「개념표기법」에서 명백하게 드러난 사실은 그가 방정식 개념을 결정적으로 중요한 연결고리로 간주했다는 것이다. 물론 그는 이런 생각을 논증한 것이 아니라 확증된 것으로 간주하여 내용의 동일성을 나타내는 자기만의 고유한 기호를 소개하면서 함께 제시한다. "특별한 경우 실제로 같은 내용이 두 가지 다른 규정방식으로 주어진다는 것이 판단의 내용이다."(프레게: 「개념표기법」, 14) 모든 판단은 동일성에 근거하고 있다는 이와는 정반대 방향에서 이루어지는 일반화는 언급되지 않았지만 어쨌든 방정식은 판단가능한 내용의 모델로 제시된다. 「함수와 개념」이란 논문도 이와는 다른 형식과 변화된 전제조건 하에서 방정식에 대한 생각을 펼쳐 보인다. 프레게는 여기서 내용의 동일성이라는 너무 모호한 개념을 포기하고 더 좁은 의미의 방정식 개념에서 출발하여 이 개념이 "산수에서도 실제로 어떻게 사용되는지" 성찰한다.(「산수의 기본법칙」 서문에 나와 있는 회고적 언급: 「산수의 기본법칙」, ix)

함숫값(프레게: 「함수와 개념」, 22) 개념이 그 출발점이 된다. 만약 함수 표현이 논항기호에 의해 보완된다면, 대상을 지시하는 완벽한 기호가 나오게 된다. 이 지시 대상은 해당 논항에 대한 함숫값이고 이와는 다르게도 (산수에서 수數기호에 의해) 지칭될 수 있다. 바로 이것이

방정식을 표현한다. 방정식은 함수 표현과 논항의 쌍에 다른 방식(단순한 수기호의 경우 특권적)으로 주어지는 지시 대상을 귀속시킴으로써 이 값이 함수에 귀속됨을 증명한다.(단순한 수기호라는 표현은 당연히 주어진 수 표현 체계와 상대적인 것으로 이해될 수 있다.) 이처럼 값을 함수에 귀속시키는 것을 프레게는 *함수의 치역*(전통논리학의 *개념외연*을 더 일반화한 것)이라 부른다(이것은 그가 새로운 논리학을 정립하기 위한 두 번째 발걸음이다). 그래야 다양한 함수들 간의 관계들이 그 각각의 치역의 관계들을 통해 설명(세 번째 발걸음)될 수 있다. 특히 두 개의 치역의 동일성은 함수가 동일한 논항에 대해 동일한 값을 내놓는다는 것을 통해 명백하게 정의된다. 이 논문에서 프레게는 그 다음으로 동일한 변수 'x'를 갖는 두 개의 함수 표현을 기록하고, 이것들을 등호로 연결하는데 그에 대해서 (논문에서는 "나는 이것을 이렇게 표현한다. […]" 라고 분명히 쓰고 있다.) 이 등호가 두 함수의 치역의 동일성을 의미한다고 말한다. 분명한 것은 "이렇게 문장으로 설명함으로써 치역을 나타내는 기호의 결함(이것은 몇 문단 뒤에 설명됨)을 보완한다는 것이다." 하지만 개념 표기를 엄밀하게 규정하고 있다는 것은 분명하다. 여기서 등호는 일반적인 수학의 의미에서 두 대상의 동일성을 나타낸다. 하지만 이것은 프레게의 결정적인 마지막 발걸음이기도 한데, 우리는 이 표현을 양쪽의 동일한 변수에 대해 어떤 논항이 들어와도 동일성이 적용된다는 일반화로도 읽을 수 있다. 하지만 이 일반화(복잡한 표현에서 특정한 부분을 떼어내는 것)는 함수의 본질

---

* course of value. 값의 경로를 의미한다.

을 이루는 것이기 때문에 이런 독법에서 우리는 방정식을 상대하는
것이 아니라 함수를 상대하는 것이고, 이전과는 달리 등호는 함수
를 이루는 표현이 된다.

함수표현을 만들기 위해서 +와 −처럼 일반적으로 사용되는 산
수기호 외에 등호도 받아들일 수 있다는 간결한 소견의 증명은 이
논문의 약간 뒤쪽에 나온다. 이런 확장은 다음과 같은 결론에 도
달하게 만든다. "방정식의 언어적 형식이 주장문이다."(프레게: 「함수와 개
념」, 28) 이는 「개념표기법」에서 내린 방정식과 판단의 관계에 대한 결
론을 새롭게 수정한 것이다. 그렇다면 "x+1=3"과 같은 함숫값이
임의의 논항에 대해서는 어떻게 될까? 확실한 것은 이 함숫값이 수
가 아니라는 것이다. 유일하게 2라는 논항에 대해서만 옳은 방정
식이 되고 나머지는 틀린 방정식이 될 것이라는 단 하나의 차이만
이 흥미롭다. 우리가 이 옳은 방정식을 산문언어로 바꾼다면 하나
의 참된 주장을 가지게 될 것이다. 프레게는 이런 관찰을 함으로써
"2+1=3"으로 지칭되는 것을 참으로, 더 정확하게는 진릿값 "참"으
로 간주했다. 이 이론에서 참은 참인 문장에 의해 지칭되는 (명명된)
대상이다. 우리는 즉시 여기에 한마디 더 추가해야 하는데, 그것은
이 대상은 모든 참된 문장들에 의해 명명된다는 것이다.

이런 사유과정의 설득력과는 상관없이 프레게가 진리에 논리학
의 기본 개념이라는 자릿값을 부여한다는 것은 분명하다. 진리는
판단 가능한 내용의 개념과 불가분의 관계로 연결되어 있다. 진리
(거짓)는 두 개의 대상 가운데 하나이며, 모든 주장문은 이 두 가지
중 하나를 지칭한다. 무엇이 참인지 모르고서 문장이 무엇인지(즉

한 문장이 어떤 종류의 언어 표현인지) 아는 것은 불가능하다. 아마 여기서 진리는 정의할 수 없다는 논거를 만들어낼 수도 있을 것이다.(진리를 다른 개념들의 결과로 돌리는 모든 문장은 문장으로서 진리와의 연관성을 전제한다.) 하지만 프레게는 어쨌든 판단을 내리는 모든 명제는 *참과 거짓* 이 두 개의 대상을 인정하고 있다는 점에서 이러한 정의 불가능성을 긍정적으로 표현한다.(프레게: 「뜻과 지시체에 관하여」, 48) 이것이 말하는 바는 지시체를 해명할 수 있는 표현물로 진리를 이해해서는 안 되며, 진리 그 자체는 언어적 표현(즉 문장)의 지시체라는 것이다. 프레게는 이 점을 특히 「뜻과 지시체에 관하여」라는 논문에서 강조하는데, 그에 따르면 진리에서 중요한 것은 "객관적인 것으로"(프레게: 「뜻과 지시체에 관하여」, 49 이하) 넘어가는 것이지 대상으로서의 명제에 관해 그것이 참이라고―어떤 언명이 객관적 현실에서 검증될 수 있을 것인지―말하는 것이 아니다. 이는 프레게의 견해에 따르면 진리는 술어가 아니라는 말로 짧게 요약할 수 있다. 여기서도 역시―정의 불가능성에 관해서처럼―이후의 이론들은 그와 구분된다. 알프레드 타르스키의 1935년 논문 「형식언어에서의 진리 개념」은 정확하게 "…는 참된 언명이다"라는 개념의 정의를 내리는 것을 목표로 한다. 프레게는 진리를 술어로 보는 견해에 대해 언명은 그 자체로 진리술어는 불필요하다는 것만을 말할 따름이라고 반론한다. 물론 그는 거꾸로 술어로서의 진리에서 출발할 경우 진리는 근본 개념이 아니라는 결론을 끌어낼 수 있다는 것을 고려하지 않는다. 프랭크 램지는 보통 이런 성찰을 진리 문제의 열쇠로 본 최초의 학자로 거명되는데, 그는 1927년 다음과 같이 썼다. "실제로 독자적인 진리 문제는 존재하지 않고 단지 언어적 혼동만 있다"(램지: 「사실과 명제」, 44)고 썼다.

"…는 참된 언명이다"라는 술어를 정의하려면 빈자리에 들어올 수 있는 표현의 형태가 본질적으로 중요한 역할을 할 것이라는 사실은 어렵지 않게 알 수 있다. 어쨌든 이 표현이 주장문(언명)의 이름이 될 것이다. 이 정의가 보편성을 요구하기 위해서는 우리는 이 문장-이름의 보편적 형식(혹은 임의의 문장의 이름에서 이 문장 자체로 오는 절차)을 설명할 수 있어야 한다. 타르스키는 이것을 본질적인 문제라고 인식하고 자신이 해결해야 할 과제를 이 문제로 제한했다.(타르스키: 「형식언어에서의 진리 개념」, 456) 어떤 의미에서 우리는 (진리를 지칭된 대상으로 보는) 프레게의 입장을 가지고 이러한 어려움을 대할 필요가 없다. 물론 그에게 또 다른 문제가 한 가지 있기는 하다. 이 문제의 근원은 언어기호들은 자기가 지칭하는 것과 연관해서뿐만 아니라, 자신과 연관된 대상을 규정하는 방식과 관련해서도 각각 구분될 수 있다는 데 있다. 프레게는 이미 「개념표기법」에서 이 문제에 주목했지만, 1890년대에 쓴 논문들에서 비로소 이 생각을 의미 이론에서 체계화했다.

프레게는 (「뜻과 지시체에 관하여」에서) 지시 대상을 규정하는 각각의 방식들에 대해 뜻이라는 용어를 사용했다. 한 기호의 뜻이란 그 기호가 자신에 의해 지칭되는 것을 규정할 수 있는 가능성을 표현하는 방식이다. 이 지시 대상 자체는 그때부터 *지시체*라고 불린다. 이렇게 기술적으로 사용된 지시체는—그리고 이것은 일반적인 언술방식과는 극단적으로 다르다—언어적 표현에 의해 지칭되는 대상 그 자체이다. '아리스토텔레스'라는 이름의 지시체는 아리스토텔레스이지만, 이 이름의 뜻은 이름과 연관하여 역사적 인물 아리스토텔레스와 동일시될 수 있는 가능성으로 구성되어 있다.〔여기에서는 복잡하게 전래된 지식(교양지식)에서 나온 중요한 한 단면을 말한다.〕방정식 "2+2=4"의 지시체는 "참"이라는 대상이며, 이 등식의 뜻은 복잡하지만 어쨌든 합계 개념을 포함한다. 특별한 명제들의 경우 프레게는 이 문장들의 뜻을 그것들에 의해 표현된 사상들이라고 부른다. 프레게가 『산수의 기본법칙』 서문에서 스스로 회고하면서 확언한 바와 같이, 이로 인해 "판단가능한 내용"이라는 개념 내부에 균열이 생긴다. "내게서 이 개념은 이제 내가 사상이라고 부르는 것, 그리고 내가 진릿값이라고 부르는 것으로 분열된다."〔프레게: 『산수의 기본법칙』, 10)

고립되어 제시된 기호는 자기에게 귀속된 내용을 분명하게 드러내지 못한다. 왜냐하면 내용의 차원에서 두 가지(다른 사항)가 이 기호에 연결되어 있기 때문이다. 인식이 문제일 경우 물론 서열이 존재한다. 뜻은 지시체로 가는 길을 제시해준다. 우리는 어떤 문장이 참인지를 판단할 수 있기 위해서는 그 문장에 의해 표현된 뜻인 사상을 파악해야만 한다. 하지만 원칙적으로 다음과 같은 질문을 피할 수 없다. 뜻이 파악되었다고 했을 때 그것은 무엇을 파악했다는 것인가? 또 우리가 지시체를 안다고 했을 때 이것은 우리가 알고 있는 것과 어떻게 구분되는가? 우리는 이 질문을 다음과 같이 정리할 수도 있다. 어떤 언어기호가 지칭이라는 개념에 들어가지 않는 내용을 가질 수 있는 방법이 있는가? 혹은 뜻은 *제2의 지시*

*대상*으로 이해되어야 하는가? 「뜻과 지시체에 관하여」라는 논문의 어떤 부분에서 프레게는 첫 번째 가능성을 선택한 것처럼 보인다. "고유이름(단어, 기호, 기호연합체, 표현)은 자기 뜻을 표현하며, 자기지시체를 의미하거나 칭한다. 우리는 어떤 기호로 이 기호의 뜻을 표현하고, 이 기호를 이용해 기호의 지시체를 지칭한다."(프레게: 「뜻과 지시체에 관하여」, 46) 그렇다면 지칭 외에도 표현이 언어 상징의 내용성을 담아내는 제2의 자립적 차원이 될 것이다.

이처럼 표현이라는 의미론적 개념을 더 구체적으로 알기 위해 가장 좋은 방법은 복합적인 기호로 된 함수 표현의 불완전성을 생각해보는 것이다. 이 함수 표현은 고립된 상태에서는 아무것도 지칭할 수 없으며, 수많은 독자적 기호들의 공통적인 것(수많은 기호들 속에서 반복되는 공통된 특성)으로만 파악될 수 있을 따름이다. 하지만 이 표현은 내용을 가진다. 이에 반해 이 하나의 표현을 보충하는 각각의 기호는 독자적인 지시체를 가진다. 이런 지시체를 결정하는 수단이 (의심스러울 경우 이 지시체를 해명하는 수단과 마찬가지로) 기호의 뜻이다. 정확하게 말하면 이름은 논항으로서 대상을 지칭하는데, 그 대상은 함수 표현이 뜻을 담고 있는 문장을 참으로 만든다. 그래서 어떤 이름의 뜻은 독자적으로는 아무것도 지칭하지 못하는 언어 표현의 내용에 근거한다. 하지만 다른 어떤 측면에서 모든 이름의 지시체는 문장-지시체로서 참에서 나오게 된다. 이 논문의 어떤 부분(프레게: 「뜻과 지시체에 관하여」, 50)에서 프레게 자신은 낱말의 지시체는 "문장 지시체의 부분"이라고 말한다. 프레게가 뜻과 지시체의 차이를 설명하기 위해 (지칭에 반하는) 의미론적 개념으로서 그 표현을 강조하고 있다면, 복합적인 기호로 나타난 함수 표현은 불완전하다는 그의 생각이 그 배경에 있다.

하지만 그의 사유에서는 늘 이런 시각과 경쟁을 벌이는 다른 시각도 있는데, 이에 따르자면 기호가 존재하는 곳이라면 어디서나 지시 대상도 있어야 한다. 이것은 뜻을 제2의 지시 대상으로 해석한다. 이것을 동일한 표현의 지시체인 대상과 혼동하는 것을 막아야 한다는 것은 당연하다. 프레게가 여러 사상들이 시간을 초월하여 영원히 참인 상태로 그리고 전달자 없이 존재하는 "제3영역"(프레게: 「사상」, 43)을 가정하는 원천은 여기에 있다. 하지만 이것은 언어논리적인 관점에서 놀라운 업적을 이룬 프레게의 직접화법과 간접화법 이론을 형이상학적으로 신성화할 따름이다. 추상적으로 말하자면 이 이론을 통해 뜻과 지시체의 구분은 콘텍스트에 의존하게 된다. 판단가능한 내용이 나눠지는 두 차원은 기호가 사용되는 콘텍스트에 의해 분명하게 하나로 질서 잡힌다. "루트비히는 담배를 피운다"는 문장은 지시체로서 진릿값을 가지며 뜻으로서 사상을 가진다. 이 문장의 지시체를 위해서는 "루트비히"라는 이름의 지시체가 결정적으로 중요하다. 우리는 이 문장이 진리인지 아닌지를 알아낼 수 있기 위해서 이 이름이 누구를 지칭하고 있는지를 알아야 한다. 이와 동일한 인물이 다르게도 규정될 수 있는데, 이 경우 문장의 뜻은 변하지만 지시체는 변하지 않는다. 전체 문장이 "루트비히가 담배를 피운다고 루돌프가 말한다"는 콘텍스트 속에서 나타난 경우 "루트비히는 담배를 피운다"는 말은 결코 진릿값을 나타내지 못한다. 우리는 이것을 포괄적인 명제의 진리(지시체)는 이 말들이 지칭하는 것에 달려 있지 루트비히가 담배를 피우는가 피우지 않는가에 달려 있지 않다는 사실에서 알 수 있다. 프레게의 화법상 여기서 이 낱말들은 자신의 간접적 지시체를 가지는데, 이것이 이 낱말들의 뜻이다. 어떤 표현의 뜻에 관해 무언가를 말할 경우 뜻은 지시 대상의 역할을 떠맡는다. 다시 말해 뜻이 지시체다. 동일한 기호들은 이제 그것이 나타나는 콘텍스트에 의존하여 하나의 사상을 표현하는 것이 아니라 이 사상의 고유이름으로 기능한다. 이 기호들은 고유이름을 참이라고 부르는 대신에 사상이라고 부른다.

이 때문에 진리를 *대상*으로 이해한 프레게는 난관에 빠지게 된다고 말할 수 있다. 이 난관은 타르스키가 문장-이름이라는 보편적 형식을 가지고 겪게 되는 어려움을 보완한다. 즉 문장은 원칙적으로 진릿값을 가지는 이름이지만 구체적으로 사용될 때는 이 문장이 참 혹은 사상을 명명하느냐는 콘텍스트에 달려 있다. 이런 배경에서 우리는 불완전하고 아무것도 지칭하지 못하는 표현에서 (추상적이긴 하지만) 대상을 지칭하는 독립적인 기호로 넘어갈 수 있느냐 그리고 넘어갈 수 있다면 어떤 규칙에 따라 넘어가는가를 질문하게 된다.

이런 모호성은 판단가능한 내용(궁극적으로 주장문 그 자체)을 미리 정확하게 규정해줄 일반적 등식을 함수 혹은 동일성언명(문장)으로 보는 이중적 해석에서도 드러난다. 여기서 형성된 치역(혹은 개념의 외연이나 집합) 개념은 이율배반을 야기하는데, 러셀은 1902년 6월 16일에 보낸 편지를 통해 프레게에게 이에 관해 언급한다. 이 발견의 비극성은 『산수의 기본법칙』 제2권 저자 후기에서 언급한 프레게의 말 자체에서 드러난다. "학술적인 글을 쓰는 사람들이 제일 바라지 않는 상황은 논문을 끝낸 후에 자기 글의 토대가 되는 원칙들 가운데 하나가 동요하는 경우일 것이다." 하지만 이미 「함수와 개념」이라는 논문에서도 놀랍게도 이런 사실을 예고하고 있다. 그는 이 글에서 다음과 같이 언급한다. "함숫값들 사이에 성립하는 등식 일반을 하나의 등식으로, 다시 말해 치역들 사이의 등식으로 간주할 수 있다는 것은 내 생각에 증명 불가능하다. 그것은 논리학의 근본법칙으로 보아야 할 것이다."(프레게: 「함수와 개념」, 24) 관점을 간단하게 바꾸기만 해도 이후에 시도될 진리 개념에 대한 정의에 직접적인 도전이 될 의미론적 문제나 이율배반들 역시 이런 모호함에서 나올 수 있다는 것을 알 수 있다.

카르납과 프레게

비교적 늦게 나왔지만 그 사이에 고전이 된 루돌프 카르납의 『의미와 필연성. 의미론과 양상논리학 연구』(1947)는 이런 관계를 매우 분명하게 설명했다. 카르납의 의미 이론은 프레게의 의미 이론과는 다르게 구축되어 있다. 여기서는 이른바 *의미규칙*이라는 개념의 도움을 받아 논리학적(혹은 분석적) 진리가 정의되며(이런 조짐은 이미 1942년에 나온 『의미론 입문』에서 보인다.) 그 다음 이 의미규칙을 토대로 독자적인 의미를 갖는 모든 표현(주장문, 개체상항, 술어 표현 등)에 대한 외연과 내포가 정의된다.(카르납 1946, 6 이하) 외연과 내포는 프레게의 지시체와 뜻을 떠올리게 만들지만, 여기서는 진리로부터 의미를 정의하기 위한 관계가 전도되어 있음을 알 수 있다.

카르납은 프레게의 입장을 상세하게 분석했다. 그는 두 가지 사유방식의 갈등에서 여러 가지 난관이 나옴을 알았는데, 그중 하나가 뜻과 지시체에 관한 이론이라면 다른 하나는 기호와 지시 대상의 필연적 차이(구분가능성)와 연결된 기본 가정이다. 원래 입증하기 어려운 이 가정은 모든 언어 표현은 자기와는 상이한 것을 지시하는 일종의 이름이라는 것이다. 카르납은 이 논제를 "이름관계의 방법method of the name-relation"이라 부른다. 이 논제 때문에 프레게는 집합과 그 원소들 사이의 유형의 차이를 체계적으로 파악하지 못하고, 둘째로 함수 표현의 지시체와 관련하여 불명확성(집합 혹은 속성)이 생기고, 마지막으로 특히 어떤 생각에 대한 언명의 문제(혹은 명제의 명명의 문제)를 해결할 수단이 될 직접화법과 간접화법이라는 구상이 침해된다. "[…] 동일하게 발생된 이름은 다른 지시체를 가질 수 있다. 아주 무한한 수의 지시체. 그리고 어떤 맥락에서는 동일하게 발생된 이름은 동시에 몇 개의 지시체를 가질 수도 있다."(카르납 1947, 137)

이에 따라 카르납은 자신만의 고유한 '외연과 내포의 방법론'의 큰 장점을 이것이 콘텍스트와는 무관하게 모든 표현에 하나의 뜻과 하나의 지시체를 귀속시킨다는 데 있다고 본다. 이런 해석을 통해 카르납은 진리가 논리학의 대상임을 보이기 위한 보완작업으로서 명명이라는 단순한 기본 개념은 의미론적 이론을 가지지 않는다는 사실을 보여줬다. 이에 반해 진리를 정의하고자 하는 사람

은—까다로운 사전 성찰을 통해 불신에 빠지지 않아도—늘 진리
의 순환에 말려들지 않을 정도로 충분히 일반적으로 정의되는 개
념을 찾아야 하는 난관이 있음을 고려해야 할 것이다.

20세기 들어 30년 동안 있었던 여러 요인들이 의미론의 문제가
진리 개념의 정의라는 목표를 향해 달려가도록 했다. 처음에는 수
학에서 그리고 그 다음에는 증명가능성, 결정가능성, 무모순성, 완
전성과 같은 개념들을 해명하는 것을 목적으로 하는 추상적(이른바
수학적이고 논리적인) 이론들에서 공리적 사유의 의미가 중요해졌다는
것이 여기에 큰 역할을 한다. 이 과정에서 두 가지 점이 중요해진
다. 우리가 모든 내용적 관심을 도외시한다 해도 어쨌든 현대의 공
리론Axiomatik은 역설과 이율배반의 문제를 첨예화한다. 학문의 모든
명제들이 공리에 의해 정해진다면 모순은 이론 전체를 위험에 빠트
리는 경향이 있다.(이것은 논리적 결과의 개념이 확실하게 조작될수록 더욱 뚜렷
해진다. 슈테그뮐러 1968, 12 참조: 타르스키 「논리적 귀결 개념에 관하여」 참조) 이것이 러셀의
이율배반(자기 자신을 원소로 가지지 않은 모든 집합의 집합)의 본질적 내용
이며 당연히 진리 개념과 관계되는 거짓말쟁이의 이율배반과 같은
의미론적 이율배반에도 해당된다. 이와 같은 이율배반의 두 그룹
에 대한 구분은 프랭크 램지에게서 연원한다.(램지: 「수학의 기초」, 145) 이로
부터 의미론을 독립적인 학문 분야로 정립하려는 움직임이 일어나
는데, 이것은 실제로 타르스키에게도 중요한 이론적 목표가 된다.
「과학적 의미론의 정립」에서 진리는 단지 하나의 사례로만 기능한
다. 이 책에는 특히 진리를 다른 의미론적 개념으로 전용할 수 있
는 것으로 정의하는 방법이 설명되어 있다.

하지만 두 번째 간접적인 방법에서도 공리론은—형식주의적이기 하시만—진리 개념에 대해 주목하게 만든다. 프레게는 다비드 힐베르트의 형식주의에 거의 동의하지 않았다. 그것은 프레게가 공리를 참 명제로 이해하고 정의와는 예리하게 경계 구분하려고 했기 때문이다.(1899년 12월 27일자 힐베르트에게 보내는 편지; 프레게: 『힐베르트, 후설, 러셀과의 서신교환과 편지 선집』, 6 이하) 하지만 이런 형식주의적 입장이 관철됐다. 공리의 무모순성은 공리의 진리성에서 나오는 게 아니라 그 반대. 우리는 공리의 진리성에 대해 공리의 무모순성과는 다른 의미로 말할 수 없을 것이다.(1899년 12월 29일 힐베르트가 프레게에게 보내는 편지; 위의 책, 12) 이로써 의미론을 독자적인 이론(이 이론에서는 특히 *형식주의적 체계의 해석*이라는 개념이 해명될 수 있다)으로 만드는 다른 동기가 나타나게 된다. 이런 관점에서 1944년에 나온 타르스키의 논문 제목(『진리의 의미론적 구상과 의미론의 정초』)에서 '의미론'이라는 말이 무엇을 강조하고, 무엇 때문에 그 말에 보충이 필요하다고 예고하는지가 드러난다. 그것은 바로 공리론을 형식주의적으로 파악하는 것이다.

타르스키

알프레드 타르스키의 획기적인 논문 「형식언어에서의 진리 개념」(1935)은 오로지 하나의 문제만을 다루는데, 그것은 진리를 정의하는 것이다.(타르스키: 「형식언어에서의 진리 개념」, 448) 이 논문은 진리에 대한 정의를 포함하고 있는데, 이 정의는 제목이 말해주고 있는 바처럼 몇 가지 조건으로 제약된다. 타르스키의 고유한 견해에서 그의 진리 정의가 자신이 진리에 관한 이론이라 부른 것을 전부 철저하게 규명한 것은 아니라는 사실을 아는 것이 중요하다. 우리는 진리 개념에 근거하고 공리를 통해 진리 개념을 확정적으로 사용하는 의미론을 생각할 수 있다. 하지만 이런 이론은 계산의 해석이라는 개념에 객관적 토대를 부여하는 데 적당하지 않다.(타르스키: 「과학적 의미론의 정립」, 405) 이에 비해 타르스키는 순환 정의를 피해 참된 정의를 시도한다. "의미론적 개념을 다른 개념들의 결과로 돌리는 데 실패할 경우 어쨌든 나는 어떤 의미론적 개념도 사용하지 않을 것이다."(타르스키: 「형식언어에서의 진리 개념」, 448)

여기서 *메타언어*(닐 부부 1962, 665)라는 개념의 도입은 결정적인 발전을 의미한다. 메타언어는 너무 피상적으로 설명되는 경우가 잦다. 예를 들어 카르납은 이렇게 설명한다. "만약 우리가 L1이라는 언어를 연구한다면, 우리는 L1의 연구결과를 표현하기 위해 L2라는 언어를 필요로 한다. […] 이 경우 우리는 L1을 대상언어, 그리고 L2를 메타언어라 부른다."(카르납 1942, 3 이하) 사실상 메타언어라는 개념은 진리(혹은 다른 의미론적 개념들)를 형식적으로 정확하게 정의할 때 일어날 수 있는 문제를 해결할 특별한 대안이다. 왜냐하면 이 경우 문제가 되는 것은 규정어*에 대한 올바른 개념들을 특징짓는 것이 아니라, 자신만의 고유한 해석을 할 수 있는 의미론적 개념들을 지니고 있는 언어는 원칙적으로 모두 일관성이 없다는 사실이기 때문

---

* 다른 개념을 규정하는 개념

이다.(타르스키: 「과학적 의미론의 정립」, 402) 이 경우 대안적 논증전략들은 전부 다 가망이 없다. 타르스키는 이런 상황에 주목하게 된 것을 비교적 새로운 것이라고 부르며, 이것을 수학자이자 논리학자인 스타니슬라프 레스니에브스키 덕분으로 생각한다. 메타언어라는 개념은 이율배반의 문제와 직접적으로 연관되며, 동시에 처음부터 명제와 함수 표현을 명명하는 *프레게의 문제*에서 뇌관을 제거한다.

이런 의미에서 "…는 참이다"라는 술어는 단지 메타언어에서만 정의될 수 있고, 이로써 메타언어를 통해서만 다른 언어(대상언어)의 진술에 대해 말할 수 있다고 말한다면, 여기서 나오는 결론은 연구 대상이 되는 언어는 일상언어가 아니며, 보편성을 특징으로 하는 언어이고, 다른 언어(대상언어)가 자신의 표현에 대해 언급하고 있는 모든 것을 다시 자기 자신에게로 받아들일 수 있는 언어이다.(타르스키: 「형식언어에서의 진리 개념」, 457) 하지만 거꾸로 일상언어에서 구체적으로 나타나는 패러독스로부터 대상언어와 메타언어를 구분하는 것도 당연히 납득될 수 있다. 타르스키는 이에 관한 논증을 펼치는데, 이 논증의 초반부에 그는 진리를 정의할 때 실제로 무엇이 정의되는지에 대한 이해 증진을 꾀한다. 즉 그는 여기서 진리 개념의 모호한 의미를 좀 더 정확하게 규정하려 시도한다. 그는 *현실과의 일치성*을 이러한 직관의 핵심 내용으로 간주한다. 부가적으로 진리의 표현체로("…는 참이다"라는 문장의 주어로서) 문장들만이 적합하다고 가정한다면, 진리 정의의 형식을 정할 수 있을 것이다. 그것은 바로 "x는 단지 p가 …일 경우에만 참된 명제다"라는 정의 형식이다. 그런데 이런 표현은 문장이 아니다. 왜냐하면 이 표현에는 논항의 자리가 비어 있기 때문이다. 만약 p의 자리에 어떤 문장을 입력하고, x의 자리에 이 문장의 이름을 입력하면(경우에 따라서는 인용부호를 통해 구성) 다음과 같은 종류의 문장이 나오게 된다. "'눈이 온다'는 눈이 올 경우에만 참이다." 이런 표현은 진리의 부분 정의로, 즉 이와 같은 특정한 문장에 대한 진리 정의로 간주될 수 있다. "나는 거짓말을 한다" 혹은 "이 문장은 거짓이다"와 같은 종류의 언명이 p로 간주된다면, 거짓말쟁이 역설("크레타 사람은 모두 거짓말쟁이다"라고 말한 크레타 사람의 역설)이 나오게 된다. 좀 더 자세히 설명하면 어떤 문장 q는 이 q가 거짓일 때만 참이 되는 결과에 도달한다.(타르스키: 「형식언어에서의 진리 개념」, 452) 이런 결과가 유발되는 것은 문장 p가 (이따금 암시적으로) "…는 참이다"라는 표현을 지니고 있기 때문인데, 이것도 메타언어의 개념에 의해 저지된다.

그러므로 정의의 시작은 형식화된 언어들로 제한된다. 그것은 규칙들과 같이 일정한 기본기호를 완전하게 갖출 수 있는 언어이고, 모든 다른 표현들은 그 규칙에 따라 기본기호를 가지고 구성된다. 더 나아가 그 안에서는 일정한 문장들이 공리로 칭해지며, 추론 규칙에 따라 그 공리로부터 다른 문장들이 얻어지기도 한다. 이런 언어가 제한적으로만 많은 문장으로 이루어져 있다면, 이 언어를 위해서는 메타언어에서 모든 부분 정의들을 연결함으로써 진리에 대해 보편적 정의를 내리게 된다.(타르스키: 「형식언어에서의 진리 개념」, 477) 하지만 이런 식으로 제한하는 것은 비현실적일 수도 있다. 뿐만 아니라 이런 시도의 의미에 대해서 의심하게도 만들 수 있다. 엄밀히 말하자면 이런 언어에 대해서는 진리술어를 필요로 하지 않는다. 왜냐하면 "p는 참이다"라는 형식의 문장은 'p'와 논리적 동치이기 때문이다. 하지만 특정한 하나의 문장 혹은 다수의 문장들이 참이다라는 말이 유용한 문장이 되기 위해서는 이 문장이 실제로 나타날 수 있어야만 한다. 왜냐하면 여기서 중요한 것은 무한 집합 혹은 일반화이기 때문이다. 이와 같이 흥미로운 사례들을 정의하기 위해서 귀납적 절차가 적절하다. 대상언어—타르스키의 예는 집합 논리계산—에서는 기본명제에 대한 진리가 정의될 것이며 그 다음에 기본구성요소의 참/거짓에 토대를 둔 진릿값은 모든 복합문에도 적용된다는 것이 드러날지 모른다. 하지만 이것은 복합문장이 모두 "더 단순한 문장들의 결합"(타르스키: 「형식언어에서의 진리 개념」, 478)으로 이루어지지 않기 때문에 불가능하다. 예를 들어 "…이 존재한다"라는 일반적인 존재문장은 항상 변항이 없는 여러 개의 기본명제들로 소급되는 것은 아니다. 왜냐하면 언어에는 모든 대상들의 이름이 있다고 보장되지 않기 때문이다. 그래서 타르스키는 우회로를 택한다. 그는 자신의 귀납 절차를 기본명제에서 시작하지 않고 명제함수(프레게의 함수 표현)에서 시작한다. 완전한 명제(주장문)와는 달리 명제함수는 당연히 진릿값을 갖지 않지만, 명제함수를 위해서는 채움이라는 개념이 귀납적으로 정의될 수 있다. 이 개념은 대상의 귀속을 함수에 대한 값으로 표현한다.(일반적으로 말하면 여기에는 대상들이 아니라 대상들의 집합이 고려되어야 한다.) 이런 정의가 주어지고 난 다음 하나의 명제가 변항이 없는 명제함수로 이해될 경우 이 우회로는 다시 진리에 대한 정의와 이어진다—하나의 명제는 대상들의 무한한 연속에 의해 (예를 들어 집합에 의해) 채워질 때만 참이다.(타르스키:

「형식언어에서의 진리 개념」, 482)

　(비록 형식화된 언어에만 한정되어 적용되긴 하지만) 이것이 진리에 대한 정의定義다. 그리고 이 정의는 진리 개념에 대한 모든 이론적 논쟁의 확고한 기점으로 남았다. 특히 이 정의의 매력은 일반 의미이론의 구축을 약속해준다는 데 있다. 그럼에도 불구하고 이 정의의 역사적 중요성을 제대로 평가하기 위해서는 비판할 점들을 추적해야 한다. 이런 것들로는 우선 이 사상의 핵심, 즉 진리를 순환논리에 빠지지 않는 비의미론적 개념으로 환원시키는 데 반대하는 의견을 들 수 있고, 특히 *채움*을 귀납적으로 정의하는 데 대한 비판을 들 수 있다. 미국의 철학자 하트리 필드가 「타르스키의 진리론」(필드 2001. 8 이하)에서 이런 식의 비판을 정리했다. 그는 귀납적 채움 절차에 대한 설명에서 사용한 지칭(외연의미denotation)*과 같은 개념들의 역할에 집중했다. 이 맥락에서 지칭은 의미론적 개념이 될 수 없기에 그것은 대상언어의 기호를 메타언어로 번역한 것으로 파악되어야 한다. 물론 이로 인해 이것이 적절한 번역인가 하는 문제가 새로운 논쟁 영역으로 부상된다.

　두 번째로 중요한 점은 형식언어로 제한한 것과 연관된다. 타르스키 스스로도 여기서 중요한 것은 일상언어와 구분하는 것만이 아니라고 자기 논문에서 분명히 말했다. 형식언어가 무한한 수의 서로 다른 유형의 변수를 포함하고 있다면, 형식언어에서도 채움이 귀납적으로 정의될 수 (그리고 진리도 정의될 수) 없다.(타르스키: 「형식언어에서

---

* 말과 그것이 표시하는 것과의 관계

의 진리 개념』, 518 이하) 이것은 그런 언어에서도 (해당 공리를 통해) 진리술어가 도입될 수 없다는 것을 의미하지는 않지만, 타르스키의 진리 정의가 형식언어에 모두 적용될 수 있는 것은 아니라는 사실을 의미한다. 타르스키가 매번 하나의 특정하게 형식화된 언어에 대해서만 진리를 정의한다는 사정도 여전히(데이비슨 2005, 148) 그가 내놓은 결과가 제한적이라는 사실을 보여준다. 그래서 문제는 그 공통분모를 찾을 수 없는 서로 다른 진리 개념들을 다루는 것이다. 이런 생각은 물론 타르스키가 직접 강조한 자신의 *정의 방법의 일반성*—어쨌든 타르스키는 자신의 정의 방법이 형식언어에서도 어떻게 하면 "…는 참인 명제다"라는 술어가 일반적으로 정의될 수 있는지를 보여준다—과는 반대로 신중하게 검토되어야 한다.

특별히 떠오르는 세 번째 중요한 점은 모든 표현의 의미는 분명하게 확정되어 있어야 한다는 전제조건을 충족하지 못하는 언어들에 대한 정의가 얼마나 유용하겠느냐 하는 질문이다. 스코트 솜즈는 바로 이런 관점에서 타르스키가 사용한 정의 방법은 흥미롭다고 강조했다. 즉 한 문장의 진리가 그 문장을 구성하고 있는 언어 표현들의 의미론적 특성들과 관계를 맺고 있는 방식에 따라 진리를 정의하는 것 말이다.(솜즈 1998, 100 이하) 도널드 데이비슨의 의미 이론 프로젝트는 초기 논문인 「의미와 습득 가능한 언어 이론」에서 드러나고 있는 것처럼 본질적으로(타르스키에 의해서 출발) 여기서 영감을 받는다.(데이비슨: 「의미와 습득 가능한 언어 이론」, 8) 이 이론은 타르스키의 진리 정의를 반대 의미로 이용한 것으로 볼 수 있다. 이 이론이 의미 이론으로서 세우는 가장 일반적 목표는 대상언어의 모든 문장에서 첫 번째 문장의 의미를 지정해줄 수 있는 다른 문장을 찾아내는 것이다.(데이비슨: 「진리와 의미」, 22 이하) 문제는 이 두 문장들 사이의 관계를 형식적으로 상세하게 설명하는 데 있다. 대상언어에는 타르스키의 의미에서 진리가 이미 정의되어 있다는 가정에서 출발한다면, 타르스키에게 진리 정의의 불완전한 도식이었던 것을 의미동등성을 측정하는 테스트로 사용할 수 있다. 누군가 "x"라는 문장의 의미를 구한다면, 이 의미는 "p일 경우에만 x는 참이다"라는 문장을 통해 그에게 주어지게 될 것이다. 물론 그가 "…는 참이다"라는 술어를 이해한다는 전제 하에서 말이다. 데이비슨이 언급한 것처럼 이를 위해서는 타르스키에 의해 정의된 술어가 진리(철학적으로 중요한 개념의 의미에서)를 정의하는 것이 될 필요가 없다. "불운하게도 이런 문제들을 두고 헛되고 혼란스러운 논쟁을 벌인 결과 언어에 대한 이론적 관심을 가진 문제들이 진리의 의미론적 개념에서 정교하고도 강력한 전문적 의미 이론의 기초를 통찰하지 못하게 되었다."(데이비슨: 「진리와 의미」, 24)

그래서 여기서는 진리 개념 자체가 더 이상 중요하지 않게 되며, 이와 함께 타르스키에게 동기를 부여했던 패러독스의 문제도 중요하지 않게 된다. 데이비슨은 패러독스의 문제를 해결하는 것은 멋진 일이긴 하지만 다른 한편으로 이 성가신 문제가 해명될 수 없는 일이라고 한다면 이 문제로 인해 자기 이론을 만드는 데 지장을 주고 싶지 않다고 간결하게 말했다.(데이비슨: 「진리와 의미」, 28) 비형식화된 언어에 대한 진리 이론은 이율배반의 문제를 원칙적으로 이와 다르게 다루어야 한다. 이에 관한 중요한 관점들은 특정한 진릿값을 갖지 않는 명제들을 허락하는 의미 이론들에서 만들어졌다. 그 밖의 역사적 관점에서는 이를 위한 단초들이 프레게에게서 발견된다. 힐러리 퍼트넘은 1906년에 발표한 논문 「참된 언명은 현실에 부합하는가?」에서 이런 전략을 타르스키와 직접적으로 연관하여 검토했다. 그 밖에도 대안적 제안을 내놓은 스코트 솜즈는 또 다른 자극의 중요한 도화선이 된 솔 크립키(크립키 1975)의 업적을 상세하게 평가했다.(솜즈 1998)

제5장

진리, 해석, 문학: 니체, 하이데거

이 장에서는 고대 그리스 시대에 확정된 가장 중요한 전제조건들에서 벗어나는 길로 진리에 대한 사유를 인도하려 한 두 번의 시도를 다룰 것이다. 프리드리히 니체는 의도적으로 소피스트들의 주장을 다시 받아들여 진리는 오류라는 학설로 이를 극단화함으로써 존재·진리·앎을 연결한 플라톤을 공격했다. 방법론적으로 그는 이런 성찰을 『도덕의 계보학』에서 펼치는데, 이로써 진리는 그동안 이론철학에서 확보했던 특권적 지위를 더 이상 누릴 수 없게 된다. 그 결과 철학이 어느 정도까지 이론으로 이해될 수 있는지, 그리고 서로 경쟁관계에 있는 진리에 대한 여러 요구와 설득전략들이 철학을 통해 어떻게 체계적 질서를 잡거나 논증을 할 수 있는지가 문제시되기도 한다.

처음에 마르틴 하이데거는 아리스토텔레스에 대한 비판적이며 완고한 해석을 통해 발화 차원에서만 진리를 이해하려 시도했다. 언어논리 속에서 진리가 가지는 (모순율과 같은 법칙 속에서 표현되는) 특별한 의미는 세계의 추론성 혹은 술어로 채워지기 이전의 개방성이라는 토대에서 특수하게 나타난다. 하지만 나중에 하이데거는 특히 예술작품에서 진리를 파악하는 데까지 나아가는데, 이것은 논리적, 존재론적 혹은 인식론적 진리론과는 달리 진리를 시학적으로 파악하는 것이라 말할 수 있다.

니체

현대 진리론은 19세기 후반부에 근대 초기의 논쟁, 즉 갈릴레이가 처한 상황에서는 결코 예견될 수 없었을 것 같은 길과 동기에서 형성되었다. 그렇다고 해서 그런 갈등이 역사에서 사라졌을 것이라는 걸 의미하지 않는다. 18세기 계몽주의는 뉴턴 숭배 현상이 보여주는 것처럼 비판적인 과학에 열정적으로 진리를 요구했다.(특히 볼테르에 관해서는 보르체스츠코프스키와 바스너, 1980 참조) 수학적 자연과학이 거둔 성공은 수학적 방법론을 채택한 모든 지식에 *진리라는 보너스*를 지급했다. 그리고 무엇보다도 이제 이런 지식은 다른 제도들과 마찬가지로 교회와 대립했으며, 학계와 대학 그리고 점차 초중등학교의 시간표에도 확고하게 자리 잡기 시작했다. 19세기는 르네상스 이래 기술과 과학이 서로 맞물려 형성된 정치, 경제적 역동성을 마음껏 풀어놓았다. 종교학부터 사회학과 정신의학을 거쳐 알퐁스 베르티용의 인체감식학에 이르기까지 새롭게 탄생한 인간학은 진리를 선언하고 의문시하며 서로 상대화할 수 있는 *이론적 영역들*을 등장시켰다. 코페르니쿠스의 수용으로 인해 매력적으로 다가온 진리 요구와 설득 요구들의 다층적 실현은 파탄 난 것이 아니라 무한히 더 복잡해졌다. 한편으로는 기독교 신앙이, 다른 한편으로는 학문이 진리와 맺고 있는 관계를 새롭게 사유하려 했던 니체의 야심은 이런 배경에서 보아야 한다. 물론 니체는 이로써 서로 다른 진리 콘셉트들을 검토하거나 특별히 정밀하고 기초적인 이론들을 기획하는 것과는 다른 구상을 하고자 마음먹었다. 그에게 중요한 것은 진리 그 자체에 대한 비판이었고, 특히 플라톤 이후 철학을 정의했던 진리와 앎의 연관성에서 자신의 사유를 해방하는 것이었다. 니체는 진리는 오류라는 통찰에 도달했다.

"진리란 특정한 생명체가 살아가는 데 꼭 필요한 오류다."(니체: XI, 506) 당연히 우리는 이 문장을 오류가 피할 길 없다는 전제에서는 이런 오류들이 종을 보존하는 데 유용하다고 입증되며 *진리*로 불린다고(이것은 진리를 *유용한 오류*로 규정하는 명목상의 정의와 같음) 읽어도 된다. 니체는 계속 다음과 같이 말하니까 말이다. "삶의 가치는 최후에 결정된다." 하지만 이런 해석은 다른 증명이 없다면 유지될 수 없을 것이다. 왜냐하면 니체는 오류는 원칙적으로 그리고 항상 악이라는 견해를 보였기 때문이다. "오류는 인류가 가장 비싸게 치러야 할 것이다."(XIII, 461) 여기서도 여전히 니체가 진리는 가장 유익한 오류라고 말한 것은 결코 아니다. 오히려 정반대다. 진리는 모든 오류들 가운데 가장 치명적인 오류다. "무엇을 위해서 인류가 지금까지 가장 많은 값을 치르면서도, 가장 열악한 보상을 받고 있는가? 인류의 진리 아닌가. 인류의 진리는 생리적 사항에 있어서 모조리 오류들이었기 때문이다."(XII, 504) 우리는 진리를 찾지 못해서 방황하는 게 아니라 진리로 인해 방황한다. 진리는 오류나 무지에서 벗어나게 해주는 것이 아니다. "오류와 무지는 숙명이다. 진리가 존재하고 진리는 오류나 무지에 종지부를 찍는 것이라는 주장은 세상에서 가장 큰 유혹이다. 진리의 존재를 믿는다고 가정한다면, 이로써 시험, 연구, 신중함, 시도의 의지는 마비된다. 이런 의지 자체가 모독행위, 즉 진리에 대한 의심으로 간주되기 때문이다."(XIII, 440)

니체는 오류 개념과 진리 개념 사이에 새로운 관계를 만들었다. 그는 앎을 진리에서 분리하고, 오류를 거짓에서 떼어냈다. 그렇지 않으면 무엇과 비교했을 때—어떤 심급에 비해—오류는 오류이고, 오류는 과오일까? 진리에 비해서라고 말할 수는 없다. 왜냐하면 진리는 오류이니까. 마찬가지로 삶에 비해서라고도 주저 없이 말할 수 없다. 삶이 결정한 진리도 오류이기 때문이다. 진리란 특정한 생명체가 살아가는 데 필요한 오류라는 니체의 주장은 보편적인 언명이 아니고 특히 프래그머티즘을 지지한다는 고백도 아니다. 이것은 내적으로 모순된 삶의 특수한 형식에 대한 진단학적 언명이다. 하지만 삶의 형식의 이런 특수함은 어디에 있는가? 진리는 다른 오류들과 어디에서 구분되는가? 이에 대한 대답을 니체는 인류학 연구나 철학 이론에서 얻은 게 아니라 자신이 *계보학*이라 부른 성찰에서 얻는다.

니체는 진리를 인식을 통해 빨리 뒤쫓아가야 할 독립적인 것이 아니라, 역으로 구체적인 사유와 의지의 결과물로만 생각했다. 말하자면 진리란 특정한 사유가 만들어낸 기호다. 그러므로 그가 원래 비판하고자 한 대상은 진리를 만들어낸 의지다. 이 때문에 진리의 계보학 역시 처음부터 도덕의 계보학이다. 그의 진리의 계보학은 진리를 신앙, 가상, 기독교적 세계상과 맞세움으로써 진리가 현재 우리에게 갖는 전략적 의미에서 출발한다. 이 점에서 과학은 기만과 거짓, 맹목적 전통의 극복을 약속해준다. 하지만 실제로 니체는 진리라는 모토 아래서 과학은 자신의 이런 적들을 청산하는 게 아니라 적들의 의지를 실행하는 기관이 된다고 생각한다.

과학은 이승에 대한 기독교의 비방이 공허하고 완전히 근거가 없다는 것을 보여주었다고 뽐내고 있지만, (과학은) 이것으로 기독교가 인류에게서 빼앗아간 것(현세적 삶의 자의식과 현실)이 무엇인지 답하지 못한다. 그 대신 과학은 인류는 자기 삶에 대한 모든 언급을 자신과는 무관한 진리에 따라 통제하고, 무질서하고 신화적 요소가 내포된 발화를 이상적인 과학적 언어에 따라 조정해야 한다고 다시 선포할 따름이다. 그러므로 진리에 대한 니체의 이런 확신은 과학적 진리로서의 진리에는 삶이 결여되어 있다는 것이다. 진리에는 진리를 거부하려는 의도가 은연중 진행되고 있다. 다시 말해 삶을 부인하려는 의지 말이다.

그래서 계보학적 성찰은 그런 의지가 표현된 기독교의 도덕적 이상을 향한다. 니체는 기독교의 초월적 신앙의 의미를 모든 사람들에게 자기 스스로 정한 적도 없고 정할 수도 없었던 것을 가치로 인정하라고 요구하는 것, 심지어 스스로 정하지 않은 것만을 가치로 인정하라고 요구하는 것이라고 본다. 니체는 (가치들을 정할 수 없는 상황에서) 바로 이런 가치를 최고의 가치로 추천했을 때 그것은 누구에게 이익이 될까라고 묻는다. 스스로 가치를 정할 수 없는 사람들만 여기서 이익을 기대할 수 있다. 초월성은 약자들이 처음에는 도덕으로 그 다음에는 *진리의 방법론*의 형태로 만든 가치다. 당연히 모든 다른 가치를 정할 때와 마찬가지로 이런 가치를 정할 때도 권력의지가 표현된다. "일단 정의의 이름으로 보복이 정당화된"(V. 309 이하) 후로는 보복도 적지 않은 피와 잔인함의 대가를 치르고 이루어진다. "진리의 방법론은 진리를 찾겠다는 동기가 아니라 권력을 잡겠다는 동기, 즉 남보다 우월한 존재가 되고자 하는 동기에서 발견되었다."(XIII. 446) 이런 의지를 다른 의지들과 구분해주는 것은 가치를 정하는 힘을 없애버리려는 파괴적 성향뿐이다.

니체에게 진리의 심각한 거짓은 여기에 있다. 왜냐하면 진리는 이보다 더 분명한 의미에서도 거짓이기 때문이다. 즉 초월의 가치를 만들어낸 것은 권력에의 의지이지만, 이 의지 자체는 바로 니체가 규범으로 내세운 것이 아니다. 니체의 비판의 출발점은 진리성에 대한 위반이 아니라 삶에 대한 위반이다.

물론 그의 말은 *가치로서의 초월*이 기독교가 만들어낸 것이 아니라 이미 고대 그리스 시대의 철학에서 이를 위한 기반을 닦아놓았다는 것이다. "에피쿠로스가 단행했던 것과 같은 낡은 신앙에 대한 투쟁은, 엄밀한 의미에서 (태동하기 이전에) 이념으로 선재先在하고 있었던 기독교에 대한 투쟁—이미 황폐해지고 도덕화 되었으며 죄책감으로 시어빠진 늙고 병들어버린 옛 세계에 대한 투쟁—이었다. 고대 세계의 도덕의 퇴폐가 아니라 바로 고대 세계의 도덕화가 고대 세계에 대한 기독교의 지배를 가능하게 한 유일한 전제조건이었다. 도덕에 대한 광신(플라톤)이 (고대) 영웅정신을 파괴했다. 도덕의 광신은 고대의 가치들을 전도시키고 그 순수함에 독을 탔다. 이때 파괴된 것이 지배자가 된 것에 비해 훨씬 가치 있는 것이었음을 우리는 결국 인정해야 했다."(XIII. 486 이하)

고대 그리스 철학의 타락은 소크라테스와 플라톤과 함께 시작된다. "원래 그리스 철학은 소크라테스 이전의 철학"(XIII. 278)이다. 그리스인들의 영웅적 본성이 데카당스로 급변하게 되는 이 순간을 니체는 소크라테스("인류 역사상 가장 심한 도착현상"(XIII. 289))와 소피스트들 사이의 충돌을 통해 다시 생생하게 살아 있는 순간으로 명백히 드러내려고 시도한다. (여기서) 소크라테스의 야심은 고르기아스가 헬레네를 위한 연설에서 하고자 했던 것, 즉 이 이야기에서 확고하고 사유의 전제조건이 되었던 유죄판결에 대항해 더욱 강력한 로고스를 고르기아스를 위해 동원하는 것이었다. 소피스트들의 정신에서 니체는 이와 연관된 것처럼 보이는 구체적인 요소들에 집중한다. "나는 어떤 편파적이고 병적 혐오증의 상태가 소크라테스의 문제를 도출시킬 수 있었는지 파악해보려 한다. 즉 이성=미덕=행복이라는 등식을. 이런 불합리한 동일성 이론을 수단으로 소크라테스는 사람들을 매혹시켰고, 그리스 철학은 여기서 다시 벗어나지 못했다."(XIII. 269) 니체는 동일성 이론이 이처럼 매혹적으로 된 것은 초월을 조작한 덕분이라고 분석했다. 도덕적 판단과 (선, 정의) 개념들은 그것들이 속하는 전제조건에서 "해방되었고 자유로운 이데아들로서 변증법의 대상이 돼버렸다. 그 이데아들 배후에서 진리 하나가 찾아지고 […] 이데아들이 거주하고 이데아들이 유래하는 세계 하나가 고안된 것이다."(XIII. 288 이하) 이로 인해 피안성과 초월성으로서의 진리가 처음 창조된다. 이것은 이탈과 거짓으로서의 진리다.

데카당스로의 이런 변화는 도덕이나 과학 그 자체 때문에 일어난 것이 아니다. 니체의 진단에 따르면 과학에 반해 도덕 개념은 현실을 초월해야 한다는 주장을 관철시키기 위해 플라톤이 진리를 이용한 것이다. "근본적으로 도덕은 과학에 대해 적대적이다."(XI. 553 이하) 원래 그리스 철학자들의 학문은 객관성의 파토스와 유용성을 지향하는 특징이 있었다. 하지만 "소크라테스가 도덕화라는 질병을 이 학문으로 끌어들이자 학문의 상황은 급속히 나빠지게 되었다."(위의 책) 즉 앎(지식)은 이때부터 진리에 예속되었다.

가치나 개념을 구체적 사유의 결과물로 본다는 것은 니체의 계보학에서 가장 중요한 원칙이다. 진리는 결코 독립적인 심급이 아니며 전략적으로 변화될 수 있는 것이다. 즉 진리는 플라톤에 와서 도덕의 압력을 받으며 앎(지식)에 접목된다. 이 말은 조작되거나 이해된 것에 다가가기 위한 또 다른 특권적인 접근법이 독립적으로 주어져 있다는 점을 암시할 수 있을지도 모른다. 하지만 진리──이것은 선善, 지知, 객관성 개념과 연관된다──는 단지 사유 그 자체에 들어 있는 이탈, 전이, 동화 의지의 결과물일 따름이며 그 밖에 아무것도 아니다. 이 개념에 대한 철학적 논쟁은 본질적으로 주어진 이해관계나 권력관계에서 추가적인 권력을 관철하고 이미 세력을 얻고 있는 권력을 다른 방향으로 돌리며, 고갈되어 기진맥진한 권력을 제거하기 위한 것이다. 이런 의미에서 니체는 이렇게 쓰고 있다. "오늘날 학문이 이 가상 세계에 의존하기를 단념한다는 사실을 나는 놀란 눈으로 보고 있다. 하나의 참된 세계──이 세계는 학문이 바라는 바일지도 모른다. 하지만 분명한 것은 우리에게는 이 세계를 볼 수 있는 감각기관이 없다는 것이다."(XIII. 280) 후기 저작 『진리의 세계가 어떻게 우화가 되었을까?』(1889)에서 니체는 이런 관찰을 궁극적인 성공 체험으로 받아들인다. "진리의 세계──더 이상 무용하고, 더 이상 얽매일 필요도 없는 이념──는 쓸데없고 불필요한 이념이고 그래서 반박된 이념이다. 진리의 세계를 철폐하자!"(VI.

81) 그가 이 시점에서 영향력을 잃었기 때문에 진리를 종을 보존하기 위한 오류로 규정한 니체의 진리 명제는 단지 구체적이며 진단적인 언명일 뿐이었다.

니체는 한번은 이렇게 썼다. "가상의 세계와 거짓된 세계는 대립적인 것이다. 후자가 지금까지는 참된 세계라 불렸다."(XIII, 319) 하지만 이 세계가 거짓된 것이기 때문이 아니라 거짓말이 더 이상 쓸모없는 것이 되었기 때문에 진리의 세계가 해체될 수 있게 된다. 니체는 진리의 세계를 철폐할 것을 제안한 바로 다음에 다음과 같이 질문한다. "[…] 어떤 세계가 남게 될까? 아마 가상의 세계 아닐까? […] 하지만 아니다! *우리는 진리의 세계와 함께 가상의 세계도 철폐할 것이다.*"(VI, 81)

이처럼 가상의 세계가 함께 사라지는 것에 대해 니체는 늘 의심하며 숙고했다. 한편으로 *가상세계*는 사실상 진리의 세계와 상관개념이고, 진리의 세계와 함께 사라질 것이다. 다른 한편으로 이 대립관계에서 *가상세계*라는 표현은 바로 날조되지 않은 현실을 의미한다. 이런 현실에서는 모든 상대적 예측가능성과 유용성이 "실천적 본능"(XIII, 271)에서 나온다. 이런 한에서라면 가상세계는 진리세계의 몰락으로 함께 철폐되는 것이 아니라 오히려 해방될 것이다. 이 두 번째 관점에서 니체는 가상세계를 "세계 그 자체"로 존재하는 것이 아니라 그 존재가 "본질적으로 매 지점마다 달라지는""관계의 세계"라고 말한다.(위의 책) 이를 통해 분명해지는 것은 상관 개념인 가상세계의 특성은 통일성이라는 것이다. 진리세계와 대립하는 것으로서 이 가상세계는 그 자체로는 완전히 차이가 없다. 진리가 아닌 것은 단지 가상일 뿐이다. 하지만 이런 대립관계를 통해 가상 세계를 생각하지 않는다는 것은 무엇을 의미할 것인가? 진리세계의 상관 개념이 아니라면 가상세계는 진리세계의 계승자가 아니라 *날조된 진리세계*와는 달리 *참된 진리세계*로 이해될 수 있다. 진리세계의 철폐 후에도 그리고 대립관계 밖에서 이 세계는 *가상*이라는 말의 내용, 즉 존재가 그 어느 곳에서도 고착될 수 없다는 뜻을 보유하게 된다.

니체가 *진리* 개념을 *해석* 개념으로 대체하려 한 것도 이런 사유에 따른 것이다. 해석은 "철학의 본질 속에 있는"(XII, 359) 억눌리지 않은 욕구다. 해석에는 진리에의 의지에 있는 적합성이라는 기준은 없고 다만 성공적인 구성(양식)이라는 척도만 있다. "하나의 의미를 해석해 내는 것─무조건 이 과제만 늘 남게 된다. […] 이보다 더 높은 단계는 목표를 설정하는 것이고 이런 관점에서 사실을 구성해 넣는 것이다."(위의 책) 니체는 세계의 무한한 해석에 관해 말한다. "모든 해석은 성장 혹은 몰락의 증상이다."(XII, 120)

이런 의미에서 가상의 세계(더 이상 진리의 세계와 대립관계에 의존하지 않는)는 존재Sein의 세계가 아니라 구성된 세계다. 이 경우 *세계*란 "이런 행위들의 총체적 유희를 의미하는 말에 지나지 않는다. […] 여기서 가상에 대해 이야기할 권리는 그 그림자도 남아 있지 않다."(XIII, 371) 이로써 니체는 가상적이라는 말의 체계적 다의미성을 이 개념에 부정적이며 평가절하 하는 의미만 남겨놓을 정도로 깨끗이 제거하려 시도한다. 그리고 니체는 대비되는 것으로서 진리가 더 이상 존재하지 않을 경우 가상이라는 말을 대신해서 쓸 수 있는 말을 만들어내는데, 그것은 *원근법*이라는 말이다. "그러므로 원근법은 가상성의 성격을 부여하는 것이다. 원근법을 배제해도 세계가 여전히 잔존할까! 원근법의 배제와 더불어 상대성도 진정 제거될 것이다."(위의 책)

20세기 이래 *상대주의*라는 개념을 놓고 벌인 논쟁에서 니체의 이 원근법이라는 개념은 과학, 사유, 철학이 인식의지 저편에서 절대적이고 확고하게 자리 잡고 있는 진리를 지향하는 것을 거부하는 개념으로 늘 중요한 역할을 한다. 이 개념은 종종 진리에 대해 반대하는 철학으로 해석되기도 하고, 진리의 증식(및 할인)을 바라는 호소로도 해석된다. 하지만 최소한 니체의 원근법적 사유에는 이렇게 일반적인 상대주의에 편입될 수 없는 두 가지 요인이 있다. 그중 하나는 니체가 해석을 행위로 보고 있다는 것이다. "가상의 세계는 세계에 대한 특수한 행위 방식으로 환원된다."(XIII, 371) 이런 특수성을 육성하여 사실로 구성해 넣을 수 있기 위해서는 규율이 필요하다. 원근법이란 "행위에 대한 해석이며 단순히 관념을 통한 개작이 아니다."(XII, 359) 즉 다르게 존재할 수 있는 세계상이 아니다. 니체는 원근법주의를 다른 견해들에 대한 인식론적 논쟁에서 고려해볼 수 있음직한 이론이라 생각하지 않았다.

다른 하나는 서로 다른 관점들이 *등가성*을 가진다는 생각이 그에게는 낯설었다는 것이다. "'다른', '참된', 본질적 존재라는 것은 없다"(XIII, 371)는 것에서 니체는 바로 해석의 임의성을 추론하지 않는다. "모든 해석은 성장 혹은 몰락의 징조다."(XII, 120) 해석의 형성에 있어서, 즉 하나의 관점이 구속성을 갖기 위해서 중요한 것은 다음과 같은 것이다. "힘의 정도가 어떤 존재자의 다른 힘의 정도를 규정한다. 어떤 형식과 위압과 필요 하에서 그것이 작용하고 저항하는지를."(XⅢ. 271) 비록 니체의 의미에서 원근법적 해석들이 어떤 다른 존재를 겨냥하여 정리되는 것은 아니지만 원근법적 해석들은 권력의 척도에 따라 정리된다.

이따금 니체와 그의 상대주의적 입장에 대해 그의 철저한 원근법주의는 그 자체로 반박된다는 반론이 제기되기도 한다. 객관적으로 진리를 증명할 수 있는 심급이 있다는 것을 부정하는 철학이 어떻게 구속성을 가질까? 이 철학이 자신이 진리임을 주장하고자 한다면 그것은 교활한 간계이고, 그 자체로 거짓이 된다. 하지만 이 말이 니체의 내적 모순성을 증명하는 것은 아니다. 어쨌든 니체에게 분명한 것은 자기 말에 구속성을 부여하기 위해 진리를 필요로 하는 사람은 허약한 사람이다. 니체도 절대주의라는 특별한 관점을 선험적으로 배제할 수 없었으며, 이 때문에 자신의 입장에 오류가 있을 가능성이 있다는 것을 시인해야만 했다는, 이보다 더 교활해 보이는 첨언으로도 니체를 공격할 수 없다. 왜냐하면 진리세계라는 관점이 얼마나 특수하고 제한적이며 치명적인 관점인지를 니체는 충분히 상세하게 보여주었기 때문이다. 이에 반해 이런 이의 제기가 바깥세계에서 나온 것이라고 생각하는 편이, 즉 그런 철학이 우리에게 어떤 구속성을 가지고, 그리고 이 철학이 『이 사람을 보라』의 서문에서 니체가 부탁한 것을 넘어서 있는 것은 아닌지 질문하는 것으로 생각하는 편이 더 유익할 것이다. "(너희들은) 내 말을 들어라! 내가 그 사람이다. 그러니 결코 나를 다른 사람과 혼동하지 말라!"(VI. 257) 이렇게 해서 그가 해석에 자기 이름을 부여했고, 우리 세계에 의미를 부여했다는 것은 분명해진다. 니체가 자기 말의 진실성을 증명하면서 설득력을 얻으려 하지 않았다는 점은 분명하다. 이로 인해 그가 짊어져야 할 위험성은 우리에게 이 말을 경청하라고 지시한다.

하이데거

니체의 사유는 문학, 철학, 인문과학의 방법론 논쟁 그리고 19세기 말과 20세기 정치 이데올로기에 영향을 미쳤다. 좁은 의미의 철학사에서 그의 사유는 *생철학*이라 불리는 철학사조에 영향을 미친다. 하지만 그 이후 20세기 후반 미셸 푸코의 저작에서도 중요한 공감을 얻게 되는데, 푸코는 권력과 언명 그리고 진리의 관계에 관한 역사적이며 방법론적인 연구에서 계보학이라는 콘셉트를 계속 발전시켜갔다. 하지만 초기 수용에 있어서 많은 철학자들을 가장 놀라게 만든 것은 아마도 니체가 현재의 과학 비판과 수천 년 전에 있었던 사유 사이에서 공통점을 (니체의 초기 저작인 『음악정신으로부터 비극의 탄생』에서) 찾아냈다는 사실일 것이다. 니체가 19세기에 소크라테스에 대항하기 위해 소피스트들의 철학을 동원함으로써 서양철학을 앎, 진리, 존재라는 틀 속에 편입시키는 것에 문제를 제기할 수 있었다는 것은 그의 철학이 철학사의 철저한 새 출발을 위한 모델로 일반화될 수 있음을 암시한다. 니체의 사유는 데카르트에 의해 출발한 합리주의처럼 지금까지 있었던 모든 것을 망각함으로써 작동되는 게 아니라 우리 기억에서 잊힌 아주 먼 고대로 되돌아감으로써 작동된다. 에드문트 후설로부터 시작해 소크라테스 이전의 철학자들을 거쳐 『은폐된 터전으로부터 기투』(하이데거 1950, 63)에 이르기까지 마르틴 하이데거가 걸어온 사유는 바로 이 프로젝트에 해당한다.

니체에게 받은 영감이 없었다면 하이데거의 사유는 나오기 어려웠을 것이다. 하지만 바로 진리 개념과 관련해서 하이데거 철학의 중심은 니체와 반대된다. 우리는 이렇게 이야기할 수도 있을 것이다. 니체가 *진리세계*라는 중력장에서 말의 힘을 해방시키려 했다면, 하이데거는 시종일관 말에서 (그리고 특히 담론적, 논리-합리적 구조들에서) 분리된 진리를 추구했다.

이미 1927년에 나온 책 『존재와 시간』에서 하이데거는 아리스토텔레스 이후 진리 개념에 접근하는 중요한 방법이었던 언명(주장, 판단)과의 긴밀한 연관성을 해체하는 것을 목표로 삼았다. 그의 전략은 언명이란 진리의 근원적 의미가 들어 있는 세계관계를 드러내는 특수한 형태일 따름이라고 선언하는 것이다. 이와 같은 더 근원적인 세계관계는 다양한 언어적 표현들에 의해 지칭된다. 그 하나가 "해석"(하이데거, 1927, §33, 153쪽 이하: 언명은 해석의 실행형식)이라 불린다면, 다른 하나는 "열어 보여주기" 혹은 "드러나게 하기"(위의 책, 154)라 불린다. 여기서 중요한 것은 플라톤에서 아리스토텔레스로 이어진 길을 뒤집는 것, 즉 언명-진리로부터 참된 현존재 혹은 참된 존재라는 개념으로 되돌아가는 것이 아니다. 하이데거는 이 '열어 보여주기'를 (인간)존재의 차원으로 분석한다. 하이데거가 "세계의 결단성"이라 부른 것은 세계와 인간 존재가 특정하게 관계 맺는 방식이 아니라 "현존재가 존재할 수 있는 한 가지 방식"(하이데거 1927, §31, 147)이다. 이런 의미에서 *결단성*은 진리의 실존적이고 존재론적인 토대다. 이 차원에서 로고스라는 말은 우선 "보여주며 드러나게 하는 것"(하이데거 1927, §7, 33)이고, 합성성이나 일치성은 진리의 주요 특성이 되지 못한다. 이 콘셉트는 지각행위에서 표상의도를 "궁극적으로 실현"할 때 *사고와 존재는 일치한다*(후설 1992, 647 이하)는 에드문트 후설의 사상과 많은 공통점을 가진다. 하이데거가 "무언가를 있는 그대로 감각적으로 듣는 것aisthesis"을 (로고스에 비해) 그리스인의 참된 진리라고 부를 때,(하이데거 1927, §31, 147) 그는 "완전한 일치"로서의 판명함과 판단의 올바름을 구분한 후설의 생각을 받아들인 것이다.

『존재와 시간』을 마무리할 무렵에 한 강연(『논리학, 진리에 대한 질문』)에서 하이데거는 진리를 결단성으로 보는 자신의 견해를 다양한 관점에서 설명하면서, 특히 아리스토텔레스도 이미 진리의 성격은 말로 진술하기 전 단계에 있다는 점을 고려하고 있었다는 것을 증명하려고 시도했다. 그는 오로지 『형이상학』 제9권의 마지막 장만을 집중적으로 해석하며 언명·구성·진리의 상호의존성을 세밀하게 설명했으며, 특히 내용과 참된 연관관계를 맺고 있는 지각 유형(아리스토텔레스: 『영혼론』, 428b)에 대해 논의한다. 비합성성, 부동성, 불변성과 연관된 것은 구조상 유사한 것으로 보일 수 있다. 아리스토텔레스는 이런 경우들에서는 진리를 일치성이라 말하는 것은 의미가 없을 것이라고 말한다.(아리스토텔레스: 『형이상학』, 1051b33 이하) 하이데거는 모든 수단을 동원하여 이런 성찰로부터 참되게 현존하는 진술-진리의 토대를 찾아내려고 시도한다. "이런 싱찰에서 나온 번역을 미리 부여함으로써 우리는 이 장의 해석을 쉽게 하고자 한다."(하이데거 1925, 174) 물론 아리스토텔레스는 이렇게 연관관계를 맺고 있는 유형들의 특징을 강조하고, 이런 유형들이 진리를 특별하게 사용하고 있다고 말한다. 다시 말해 이런 유형들은 접촉tigein이라는 의미에서 인식의 특징을 갖는 것이다. 접촉은 일어나거나 일어나지 않는 것이며, 거짓이나 기만은 존재할 수 없다. 하지만 일치성이라는 패러다임과는 달리 *접촉-진리*라는 이 개념은 특수사례로만 간주된다.(파올로 크리벨리는 비합성성에 대한 언명을 수미일관하게 실존-언명이라고 해석하고 있다.)

   하지만 같은 텍스트에서 하이데거는 많은 점에서 생산적인 또 하나의 사유 노선을 미리 보여주었다. 결단성은 결코 언명 아래에 또 하나의 세계연관성의 차원을 만들어 넣을 수 있는 기능을 하는 도구적 개념만이 아니다. 세계연관성은 오히려 내용상 *도구로서의 존재양식/das Zuhandene*이 실용성을 지향하는 차원으로 해석된다. 여기서 이 연관성은 무엇에 대해서(내용)가 아니라 무엇으로(수단)와 관련되며, 언명이 아니라 *실행*과 *조력*의 형태를 취한다.(하이데거, 1927, § 33, 158) 강연에서는 이런 내용이 직접적으로 언급된다. "이제 언명은 어떻게 될까? 언명에서는 '무엇으로(조력)'가 '무엇에 대하여(드러내는 내용)'가 된다."(하이데거 1925, 154) 사물의 사용과 그 사물들의 특별한 적소성Bewandtnis은 그 자체로 이미 세계를 해석하고, 그런 한에서 언명-진리에 토대를 부여하는 결단성의 형태를 띤다. 이런 입장들을 통해 하이데거는 내용상으로도 니체에 바싹 다가서게 된다. 그리고 이 관계는 20세기 후반까지 미국의 프래그머티즘과 유럽 철학 사이의 유사성을 연구하는 많은 학자들에게 충분히 관심을 끌었다. 하이데거 자신은 1930년대부터 이런 접근법을 더 이상 추종하지 않았다. 하지만 전략적 관점에서 이런 접근법은 그의 발전에 중요한 의미를 갖는다. 왜냐하면 하이데거는 진리의 장소를 찾는 데 이론적 성찰이나 형이상학적 이론이 누리는 우선권을 박탈하겠다는 결정을 철회하지 못했기 때문이다. 1935년 '예술작품의 근원'이라는 제목으로 강연하고, 그 후 '숲길'이라는 제목의 책으로 묶여 나온 글에서 하이데거는 문학적인 진리철학의 요강을 다음과 같이 설명했다. "예술은 진리를 솟아오르게 한다."(하이데거 1950, 64)

이 문장은 그의 초기 철학에서 정확하게 벗어나 있다. 그가 사물 개념에 대해 자세히 성찰하기 시작한 것은 우연이 아니다. 그의 성찰은 전통철학의 학문적 주장에서 출발하여 차례차례 실용적 사물, 그것의 도구적 특성 그리고 마지막으로 작품 개념에 집중한다. 하이데거가 어느 특정한 지점에서 "진리는 작품 속에서 일어난다"(하이데거 1950, 44)고 말한다면, 이 말은 언명-진리가 부차적 진리라는 주장의 논거로 사용되지 않으며, 또 진리에 대한 보편 규정으로 되돌아가는 계기가 되지도 않는다. 이런 이행은 『존재와 시간』에서 도구로서의 존재양식과 그것의 적소성Bewandtnis에서 발견성 Entdecktheit과 세계성Weltlichkeit 그리고 결단성Entschlossenheit으로 이어진다.(하이데거 1927, §18-20, 83 이하) 더군다나 「예술작품의 근원」에서 진리에 대한 일반적 규정으로 *숨기지 않고 드러내는 것*Unverborgenheit

을 들고 있다. 그리고 그런 한에서 진리의 본질이 무엇인가라는 질문에 대한 답변이 가능해진다. 하지만 하이데거의 사상은 시종일관 그 반대방향으로 움직인다. 다시 말해 그는 *비은폐성*(그리스어 알레테이아aletheia*가 지시하는 바와는 상관없이)이라는 개념 내용을 작품의 체험이나 개념이라는 콘텍스트에서 의미를 지니는 여러 관점으로 분류하려고 시도한다. 첫 번째 노선은 비은폐성에서 *개방성*과 *밝힘*Lichtung으로 이어지다가 세계Welt와 대지Erde의 상호규정에서 잠정적으로 끝이 난다. 대지는 "자기를 닫아 버린 상태"로 세계로 들어올 수 있으며, 세계는 오로지 이 대지에서만 근거하고 머무를 수 있다.(하이데거 1950, 44) 이런 사상은 "신전이 거기 서 있음"을 중심으로 진리의 본질을 아주 명료하게 설명하고 있다. 이 사상이 작품 속에서 무엇이 일어나고 있는지를 보여주는 한에서 말이다.

이런 성찰이 사변적이고 모호하며 예술철학에 크게 유용하지 않을 수도 있지만 하이데거가 던진 다음과 같은 질문이 얼마나 중요한 것인지를 증명해 준다. "진리의 본질은 어떠하기에, 그것이 작품 속에 정립될 수 있는 것일까? 혹은 진리로 존재하기 위해서는 어떤 특정한 조건 하에서 작품 속으로 정립되어야만 하는가?"(하이데거 1950, 45) 그에게 이 질문에 대한 대답에 기여하고 있는 것은 대부분 모든 예술은 본질적으로 문학이라는 대전제에 의존하고 있다.(하이데거 1950, 60) 진리는 문학에 의해 *만들어진다*는 생각은 시학적 관점에서 진리의 장소를 규정해보려 한 그의 시도에서 중심개념이 되었다. 우리

---

* 그리스어로 존재자의 탈은폐(Entbergung)를 의미한다.

는 이런 생각을, 진리 개념이 철학적 개념이라는 철학의 자기 정체
성을 위험에 빠뜨리지 않은 채 참된 언명이라는 패러다임에서 어느
정도까지 분리될 수 있을지 알아본 실험으로 간주해도 될 것이다.

참고 문헌

Anselm von Canterbury (안셀무스): De veritate. (『진리에 관하여』) Stuttgart-Bad Cannstatt: Frommann Holzboog 1966.

Aristoteles (아리스토텔레스): Analytica priora. (『분석론 전서』) In: Analytica priora et posteriora. (『분석론』) Hg. von L. Minio-Paluello. Oxford University Press 1964.

_ De Anima. (『영혼론』) Hg. von W.D.Ross. Oxford: Oxford University Press 1979.

_ De Interpretatione. (『명제론』) In: Categoriae et de interpretatione. (『범주론, 명제론』) Hg. von L. Minio-Paluello. Oxford: Oxford University Press 1980.

_ Metaphysik. (『형이상학』) Übers. von Hermann Bonitz. Hamburg: Rowohlt 1966.

Austin, John L. (오스틴): Zur Theorie der Sprechakte (How to do Things with Words). (『언어행위이론』) Stuttgart: Reclam 1972.

Blumenberg, Hans (블루멘베르크): Paradigmen zu einer Metaphorologie. (『은유학의 패러다임』) In: Archiv für Begriffsgeschichte 6 (1960), 7-147.

_ Die Kopernikanische Wende. (『코페르니쿠스적 전환』) Frankfurt a. Main: Suhrkamp 1965.

_ Die Legitimität der Neuzeit. (『근대의 적법성』) Frankfurt a. Main: Suhrkamp 1966.

_ Die Genesis der kopernikanischen Welt. (『코페르니쿠스적 세계의 생성』) Frankfurt a. Main: Suhrkamp 1975.

Butterfield, Herbert (버터필드): The Origins of Modern Science. (『현대과학의 기원』) New York: Macmillan 1965.

Carnap, Rudolf (카르납): Introduction to Semantics. (『의미론 입문』) Cambridge Mass.: Harvard University Press 1942.

_ Meaning and Necessity. (『의미와 필연성』) Chicago: University of Chicago Press 1947.

Cassirer, Ernst (카시러): Das Erkenntnisproblem in der Philosophie und Wissenschaft der neueren Zeit. (『근대 철학과 과학의 인식문제』) Band Ⅰ. Hildesheim: Olms 1971.

Collins, Randall (콜린스): The Sociology of Philosophies. A Global Theory of Intellectual Change. (『철학의 사회학』) Cambridge Mass.: Harvard University Press 1998.

Copernicus, Nicolaus (코페르니쿠스): Über die Kreisbewegungen der Weltkörper (De revolutionibus orbium coelestium). (『천구의 회전에 관하여』) Hg. von Georg Klaus. Berlin: Akademie 1959.

Davidson, Donald (데이비슨): Truth and Meaning. (「진리와 의미」) In: Inquiries into Truth and Interpretation. (『진리와 해석에 대한 탐구』) Oxford 1984, 17-36.

_ Theories of Meaning and Learnable Languages. (「의미와 습득 가능한 언어 이론」) In: Inquiries into Truth and Interpretation. (『진리와 해석에 대한 탐구』) Oxford 1984, 3-15.

_ Struktur und Gehalt des Wahrheitsbegriffs. (「진리 개념의 구조와 내용」) In: Wozu Wahrheit? (『왜 진리인가?』) Hg. von M. Sandbothe. Frankfurt a. Main: Suhrkamp 2005, 140-209.

Descartes, René (데카르트): Die Prinzipien der Philosophie. (『철학의 원리』) Übers. von Arthur Buchenau. Hamburg: Meiner 1965.

Engisch, Karl (엥기쉬): Wahrheit und Richtigkeit im juristischen Denken. (『법학적 사유에서의 진리와 정당성』) München: Hueber 1963.

Field, Hartry (필드): Tarski's Theory of Truth. (「타르스키의 진리론」) In: Truth and the Absence of Fact. (『진리와 사실의 부재』) Oxford: Clarendon Press 2001, 3-26.

Frege, Gottlob (프레게): Begriffsschrift. (「개념표기법」): In: Begriffsschrift und andere Aufsaetze. (『개념표기법과 그 밖의 논문들』) Hildesheim, New York: Olms 1971.

_ Briefwechsel mit D. Hilbert, E. Husserl, B. Russell sowie ausgewähte Einzelbriefe. (『힐베르트, 후설, 러셀과의 서신교환과 편지 선집』) Hg. von Gottfried Gabriel u.a. Hamburg: Meiner 1980.

_ Funktion und Begriff. (「함수와 개념」) In: Funktion, Begriff, Bedeutung. Fünf logische Studien. (『함수, 개념, 지시체. 다섯 가지 논리학 연구』) Göttingen: Vandenhoeck und Ruprecht 1969, 18-39.

_ Der Gedanke. (「사상」) In: Logische Untersuchungen. (『논리학 연구』) Göttingen: Vandenhoeck und Ruprecht 1966, 30-53.

_ Grundgesetze der Arithmetik. (『산수의 기본법칙』) (Nachdruck d. Ausg. Jena 1903). Hg. von Christian Thiel. Hildesheim, Zürich, New York: Olms 1998.

_ Über Sinn und Bedeutung. (「뜻과 지시체에 관하여」). In: Funktion, Begriff, Bedeutung. Fünf logische Studien. (『함수, 개념, 지시체. 다섯 가지 논리학 연구』) Göttingen: Vandenhoeck und Ruprecht 1969, 40-65.

Galilei, Galileo (갈릴레이): Il saggiatore. (『분석』) Bologna 1655.

Gorgias (고르기아스) [Helena]: Encomium of Helen. (『헬레나 찬가』) Hg. von

D.M. MacDowell. Bristol: Bristol Classical Press 1982.
고르기아스 텍스트는 맥도웰(MacDowell) 판본에서 인용했다. 인용부분 표시
는 문단을 의미한다. 고르기아스의 『헬레나 찬가』 해석은 다음 텍스트의 설명을
따른 것이다: Sprache der Verführung. Gorgias über den Fall der Helena.
(『유혹의 언어. 헬레나 재판에 대한 고르기아스의 연설』) In: Richard Heinrich
(하인리히): Verzauberung, Methode und Gewohnheit. Skizzen zur
philosophischen Intelligenz. (『매혹, 방법, 습관. 철학적 지성에 관한 스케치』)
Maria Enzersdorf: Edition Rösner 2003.

Grabher, Peter (그랍헤어): Die Pariser Verurteilung von 1277. Kontext und
Bedeutung des Konflikts um den radikalen Aristotelismus. (『1277년 파리
의 유죄판결. 급진적 아리스토텔레스주의를 둘러싼 갈등의 맥락과 의미』) Wien:
Diss. Universität Wien 2005.

Grosseteste. Robert (그로스테스트): Die veritate. (「진리론」) In: Die
philosophischen Werke des Robert Grosseteste. (『그로스테스트의 철학적
저작들』) Münster: Aschendorff 1912, 130-142.

Heidegger, Martin (하이데거): Logik. Die Frage nach der Wahrheit.
Vorlesung WS 1925. (『논리학. 진리에 대한 질문. 1925년 겨울학기 강의』) Hg.
von Walter Biemel. Frankfurt a. Main: Klostermann 1976.

___ Sein und Zeit. (『존재와 시간』) Tübingen: Niemeyer 1967 (1927).

___ Der Ursprung des Kunstwerkes. (「예술작품의 근원」) In: Holzwege. (『숲길』)
Frankfurt a. Main: Klostermann 1952.

Husserl, Edmund (후설): Logische Untersuchungen II, 2. (『논리연구 II』) In:
Gesammelte Schriften. Hamburg: Meiner 1992.

Kant, Immanuel (칸트): Werke in sechs Bänden. (『칸트 전집』) Hg. von
Wilhelm Weischedel. Frankfurt a. Main: Insel 1956.
칸트 텍스트는 여섯 권짜리 전집에서 인용했지만, 쪽수 표시는 각 책의 원전쪽수표
기를 따랐다.

___ Der Streit der Fakultäten. (『학부들의 논쟁』) In: Werke VI, 261-393.

___ Kritik der reinen Vernunft. (『순수이성비판』) In: Werke II.

___ Metaphysik der Sitten. (『도덕의 형이상학』) In: Werke IV, 303-634.

___ Beantwortung der Frage: Was ist Aufklärung? (『계몽이란 무엇인가』) In:
Werke VI, 51-61.

Kerferd, G. B. (커퍼드): The Sophistic Movement. (『소피스트 운동』)
Cambridge: Cambridge University Press 1982.

Kitcher, Philip (키처): Science, Truth, and Democracy. (『과학, 진실, 민주주
의』) Oxford: Oxford University Press 2001.

Kneale, William, Kneale, Martha (닐 부부): The development of Logic. (『논리
학의 발전』) Oxford: Clarendon Press 1962.

Kripke, Saul (크립키): Outline of a Theory of Truth.(『진리론 개요』) Journal of Philosophy. 1975, 72, 690-716.

Lazare, Bernard (라자르): Une erreur judiciaire. La vérité sur l'affaire Dreyfus. (『잘못된 재판. 드레퓌스 사건의 진실』) Bruxelles: 1896.

Marion, Jean-Luc (마리옹): Sur l'ontologie grise de Descartes. (『데카르트의 회색 존재론에 대하여』) Paris: Vrin 1981.

Moravcsik, J. M. E (모라브치크): Logic before Aristotle: Development or Birth (「아리스토텔레스 이전 논리학: 발전인가 탄생인가」): In: Greek, Indian and Arabic Logic. (『그리스, 인도, 아랍 논리학』) Hg. von Dov M. Gabbay und John Woods. Amsterdam, Boston et al.: Elsevier 2004 (=Handbook of the History of Logic I), 1-25.

Neumann, Ulfrid (노이만): Wahrheit im Recht. (『법적 진실』) Baden-Baden: Nomos 2004.

Newton und Voltaire. (『뉴턴과 볼테르』) Hg. von Horst-Heino Borzeszkowski und Renate Wahsner. (보르체스츠코프스키/바스너) Berlin: Akademie 1980.

Nietzsche, Friedrich (니체): Sämtliche Werke. (『전집』) Studienausgabe. Hg. von Giorgio Colli und Mazzino Montinari. München, Berlin, New York: Deutscher Taschenbuch Verlag, De Gruyter 1980.

Pagès, Alain (파제스): Emile Zola, un intellectuel dans l'affaire Dreyfus. Histoire de "J'accuse". (『에밀 졸라, 드레퓌스 사건에서의 한 지식인. 『나는 고발한다』의 이야기』) Paris: Librairie Séguier 1991.

Paléologue, Maurice (팔레오로그): Tagebuch der Affaere Dreyfus. (『드레퓌스 사건 일지』) Dt. Uebers. Stuttgart: Deutsche Verlags-Anstalt 1957.

Platon (플라톤): Werke in acht Bänden. (『전집』) Hg. von Gunther Eigler. Darmstadt: Wissenschaftliche Buchgesellschaft 1977.
  플라톤 인용은 학술서적 협회 판본(두 가지 언어로 된)에서 인용했으며, 인용 표시는 스테파누스 판본(Stephanus-Ausgabe)을 따른 것이다.
  _ Gorgias. (『고르기아스』) In: Werke 2, 269-503.
  _ Kratylos. (『크라튈로스』) In: Werke 3, 395-575.
  _ Menon. (『메논』) In: Werke 2, 505-599.
  _ Phaidon. (『파이돈』) In: Werke 3, 1-207.
  _ Phaidros. (『파이드로스』) In: Werke 5, 1-193.
  _ Sophistes. (『소피스트』) In: Werke 6, 219-401.
  _ Staat. (『국가』) In: Werke 4, 1-875.

Putnam, Hilary (퍼트넘): Do true assertions correspond to reality? (「참된 언명은 현실에 부합하는가?」) In: Mind, Language, and Reality. (『생각, 언어, 사실』) Philosophical Papers 2. Cambridge: Cambridge University Press 1975.

Ramsey, Frank P. (램지): Die Grundlagen der Mathematik. (「수학의 기초」) In: Grundlagen. Abhandlungen zur Philosophie, Logik, Mathematik und Wirtschaftswissenschaft. (『철학, 논리학, 수학, 경제학 논문집』) Stuttgart-Bad Cannstatt: Frommann-Holzboog 1980, 131-177.

___ Tatsachen und Sätze. (「사실과 명제」) In: Grundlagen. Abhandlungen zur Philosophie, Logik, Mathematik und Wirtschaftswissenschaft, Stuttgart-Bad Cannstatt: Frommann-Holzboog 1980, 41-55.

Rankin, H. D. (랜킨): Sophists, Socratics, and Cynics. (『소피스트, 소크라테스, 견유학파』) London: 1983.

Rhetikus, Georg Joachim (레티쿠스): Erster Bericht über die 6 Bücher des Kopernikus von den Kreisbewegungen der Himmelsbahnen. (『천체궤도의 원운동에 관한 코페르니쿠스의 여섯 권의 책에 대한 첫 번째 보고서』) München, Berlin 1943.

Sambursky, Samuel (삼부르스키) : The physical world of the Greeks. (『그리스인들의 물질계』) London: Routledge & Kegan Paul 1956.

Schiappa, Edward (스키아파): Protagoras and Logos: A Study in Greek Philosophy and Rhetoric. (『프로타고라스와 로고스: 그리스 철학과 수사학 연구』) Columbia SC: University of South Carolina Press 2003.

Schmeiser, Leonhard (슈마이저): Die Erfindung der Zentralperspektive und die Entstehung der neuzeitlichen Wissenschaft. (『중앙투시원근법의 발명과 근대 과학의 생성』) München: Fink 2002.

Soames, Scott (솜즈): Understanding Truth. (『진리 인식』) New York: Oxford University Press 1998.

Stegmüller, Wolfgang (슈테그뮐러): Das Wahrheitsproblem und die Idee der Semantik. (『진리 문제와 의미론 이념』) Wien, New York: Springer 1968.

Striker, Gisela (슈트리커): kriterion tes aletheias. (「진리의 기준」) In: Essays on Hellenistic Epistemology and Ethics. (『헬레니즘 인식론과 윤리학에 관한 에세이』) Cambridge: Cambridge University Press 1996, 22-76.

___ The problem of the criterion. (「기준의 문제」) In: Essays on Hellenistic Epistemology and Ethics. Cambridge: Cambridge University Press 1996, 150-165.

Szaif, Jan (스차이프): Platons begriff der Wahrheit. (『플라톤의 진리 개념』) Freiburg, München: Alber 1996.

Tarski, Alfred (타르스키): The Etablishment of Scientific Semantics. (「과학적 의미론의 정립」) In: Logic, Semantics, Metamathematics. (『논리학, 의미론, 수학』) Hg. von John Corcoran. Indianapolis: Hacking 1983, 401-408.

___ On the Concept of Logical Consequence. (「논리적 귀결 개념에 관하여」) In: Logic, Semantics, Metamathematics. (『논리학, 의미론, 수학』) Hg. von

John Corcoran. Indianapolis: Hacking 1983, 409-420.

__ Die semantische Konzeption der Wahrheit und die Grundlagen der Semantik. (「진리의 의미론적 구상과 의미론의 정초」) In: Zur Philosophie der idealen Sprache. (『이상 언어의 철학』) Hg. von Johannes Sinnreich. München: Deutscher Taschenbuch Verlag 1972, 53-100.

__ Der Wahrheitsbegriff in den formalisierten Sprachen. (「형식언어에서의 진리 개념」 In: Logik-Texte. Kommentierte Auswahl zur Geschichte der modernen Logik. (『논리학 텍스트』) Hg. von Karel Berka und Lothar Kreiser. Darmstadt: Wissenschaftliche Buchgesellschaft 1983, 445-546.

Thomas von Aquin (토마스 아퀴나스): Von der Wahrheit. De veritate (Quaestio I). (『진리론』) Hamburg: Meiner 1986.

Veyne, Paul (베인): Les Grecs ont-ils cru a leurs mythes? (『그리스인들은 신화를 믿었는가』) Paris: Seuill 1983.

Wieland, Wolfgang (빌란트): Platon und die Formen des Wissens. (『플라톤과 지식의 형태들』) Göttingen: Vandenhoeck und Ruprecht 1982.

Williams, Bernard (윌리엄스): Wahrheit und Wahrhaftigkeit. (『참과 참됨』) Frankfurt a. Main: Suhrkamp 2003.

Wolff, Michael (볼프): Geschichte der Impetustheorie. (『저항이론의 역사』) Frankfurt a. Main: Suhrkamp 1978.

Zola, Emile (졸라): J'accuse. (『나는 고발한다』) In: L'aurore 2 (1898), Nr. 87. 졸라의 『나는 고발한다』는 다음 e-book에서 인용했다. http://www.inlibroveritas.net/lire/oeuvre2575-page18.html#page(2008년 9월 12일에 최종 업데이트). 드레퓌스 사건에 대한 중요한 정보는 잡지 『리스투와르』 특별호 "드레퓌스 사건. 진실과 거짓말"에서 얻었다.

인명 색인

ㄱ

갈릴레이, 갈릴레오 Galilei, Galileo 83, 84, 86, 89, 118

고르기아스 Gorgias 41, 43, 46~54, 59, 65, 67, 123

그랍헤어, 페터 Grabher, Peter 77

그로스테스트, 로버트 Grosseteste, Robert 73, 74

ㄴ

노이만, 울프리트 Neumann, Ulfrid 32~35

뉴턴, 아이작 Newton, Isaac 83, 88, 118

니체, 프리드리히 Nietzsche, Friedrich 15, 46, 117~130, 133

ㄷ

데이비슨, 도널드 Davidson, Donald 114, 115

데카르트, 르네 Descartes, René 89, 90, 129

뒤 파티 드 클랑, 아르망 du Paty de Clam, Armand 24

드레퓌스, 마티유 Dreyfus, Mathieu 21

드레퓌스, 알프레드 Dreyfus, Alfred 20~23, 26, 27, 30, 39

ㄹ

라자르, 베르나르 Lazare, Bernard 21, 24

랭킨 Rankin, H. D. 43, 57, 60

램지, 프랭크 Ramsey, Frank P. 99, 100, 107

레스니에브스키, 스타니슬라프 Lesniewski, Stanislaw 110

레티쿠스, 게오르크 요아힘 Rhetikus, Georg Joachim 87

ㅁ

마리옹, 장-뤽 Marion, Jean-Luc 89

ㅂ

버터필드, 허버트 Butterfield, Herbert 80

베르티용, 알퐁스 Bertillon, Alphonse 26, 118

베인, 폴 Veyne, Paul 38

브루노, 조르다노 Bruno, Giordano 82

블루멘베르크, 한스 Blumenberg, Hans 69, 76, 78~80, 82, 83, 85~90

빌란트, 볼프강 Wieland, Wolfgang 52

ㅅ

삼부르스키, 사무엘 Sambursky, Samuel 70

소크라테스 Sokrates 42, 43, 59, 122~124, 129, 130

솜즈, 스코트 Soames, Scott 114, 116

쉐레르-케스트네르, 오귀스트 Scheurer-Kestner, Auguste 22

슈마이저, 레온하르트 Schmeiser,
    Leonhard 78, 82, 88
슈바르츠코펜, 막시밀리안 폰
    Schwartzkoppen, Maximilian von
    20, 21, 24
슈트리커, 기젤라 Striker, Gisela 68
스차이프, 얀 Szaif, Jan 56~58
스키아파, 에드워드 Schiappa, Edward
    43

ㅇ
아리스타르코스 Aristarch von Samos
    83
아리스토텔레스 Aristoteles 9, 10, 41,
    62~72, 74~76, 80, 81, 84, 94, 101,
    117, 130~132
아우구스티누스 Augustinus 73, 74
안셀무스 Anselm von Canterbury
    72~74
앙리, 위베르 조셉 Henry, Hubert
    Joseph 21
에스테라지, 페르디낭 Walsin-Esterhàzy,
    Ferdinand 21, 22, 24, 27
에피쿠로스 Epikur 122
엥기쉬, 칼 Engisch, Karl 35, 37
오스틴, 존 Austin, John L. 37
오시안더, 안드레아스 Osiander,
    Andreas 82, 88
윌리엄스, 버나드 Williams, Bernard 14,
    25, 31, 37, 38
이소크라테스 Isokrates 42

ㅈ
제멜바이스, 이그나츠 Semmelweis,
    Ignaz 25

졸라, 에밀 Zola, Emile 19, 22~24, 26,
    27, 31, 32, 37

ㅋ
카르납, 루돌프 Carnap, Rudolf 91,
    105, 106, 109
카시러, 에른스트 Cassirer, Ernst 84
칸트, 임마누엘 Kant, Immanuel 29, 30,
    86, 89, 90
커퍼드 Kerferd, G. B. 42, 44, 46
코페르니쿠스, 니콜라우스 Kopernikus,
    Nikolaus 15, 69, 72, 77~89, 118
콜린스, 랜들 Collins, Randall 44
크립키, 솔 Kripke, Saul 116
클레망소, 조르주 Clemenceau,
    Georges 22, 24, 27
키처, 필립 Kitcher, Philip 30

ㅌ
타르스키, 알프레드 Tarski, Alfred 15,
    91, 99, 100, 104, 107~116
토마스 아퀴나스 Thomas von Aquin
    72, 74, 75

ㅍ
파제스, 알랭 Pagès, Alain 21, 26
판넨베르크, 볼프하르트 Pannenberg,
    Wolfhart 74
팔레오로그, 모리스 Paléologue,
    Maurice 20, 21, 26, 27
퍼트넘, 힐러리 Putnam, Hilary 116
포르, 펠릭스 Faure, Félix 22
프란치스 Francisco de Marchia 79, 80
프레게, 고트로프 Frege, Gottlob
    91~108, 110, 112, 116

플라톤 Platon 11, 12, 14, 15, 41~47,
    49, 51~53, 68, 69, 73, 89, 91, 94, 117,
    122~124, 130
피카르, 조르주 Picquart, Georges 21
필드, 하트리 Field, Hartry 113

ㅎ

하이데거, 마르틴 Heidegger, Martin 10,
    65, 117, 129~135
호엔로에-실링스퓌르스트, 클로드비히
    Fürst zu Hohenlohe-Schillingsfürst,
    Chlodwig 27
후설, 에드문트 Husserl, Edmund 108,
    130, 131
힐베르트, 다비드 Hilbert, David 108